米莱知识宇宙

启航吧
知识号

课后全方位
我是文化小当家

米莱童书 著/绘

北京理工大学出版社
BEIJING INSTITUTE OF TECHNOLOGY PRESS

图书在版编目（CIP）数据

课后全方位：我是文化小当家 / 米莱童书著绘.

北京：北京理工大学出版社，2025.1

（启航吧知识号）.

ISBN 978-7-5763-4585-8

Ⅰ. K203-49

中国国家版本馆CIP数据核字第2024Z12Q73号

责任编辑： 芈　岚　　　**文案编辑：** 芈　岚

责任校对： 刘亚男　　　**责任印制：** 王美丽

出版发行 / 北京理工大学出版社有限责任公司

社　　址 / 北京市丰台区四合庄路6号

邮　　编 / 100070

电　　话 / (010)82563891(童书售后服务热线)

网　　址 / http://www.bitpress.com.cn

版 印 次 / 2025年1月第1版第1次印刷

印　　刷 / 雅迪云印（天津）科技有限公司

开　　本 / 710 mm×1000 mm　1/16

印　　张 / 10.5

字　　数 / 170千字

定　　价 / 38.00元

审 图 号 / GS京（2023）1317号

　　人类是地球上的一分子，每个人都是这个社会中的一员，我们生活在这里，想要了解这个社会，就必须要了解"人"。人们凑在一起，一代又一代地繁衍生息，然后就有了城市，有了国家，也有了历史。我们要了解我们的国家，因为那是我们共同生活的家园，是我们行走于这个世界上的坚实后盾；我们也要了解我们的历史，因为那是一代又一代祖辈走过的痕迹，积淀了我们现在的生活。当然，人类组成的社会中，最基础、最常见的就是文化。我们的衣食住行中有着深深的文化烙印，流传千年的传统文化正是我们民族的底蕴和骄傲。

　　我们将目光聚焦在自己的身上，通过了解我们的国家、历史和文化，来获得自身发展的精神动力。可是，这是不够的。

　　地球很大，世界也很大，我们是这个世界中的一员。从我们的祖辈开始，一代一代的人就不畏艰险地奔向了世界。有的人一步一步地走在炙热的沙漠中，有的人站在船头在大海上航行，他们肩负着不同的使命，将中国文化带到了世界中，让世界了解了我们，也让我们了解了世界。通向世界的步伐从来都没有停过，而我们正是新一代的肩负起这个使命的一批人。

　　所以，小朋友们，现在你知道什么是人文基础了吗？它就是在生活中时时刻刻发生着的一切，是毛笔下飘逸的文字，也是丝路上的声声驼铃；它是最贴近我们的衣食住行，也是看似遥远、实则与我们息息相关的历史文化。这样，我们了解自己，了解世界，然后拥有坚不可摧的精神力量。

　　准备好了吗？我们一起开始这一场人文之旅吧！

目录

第一章 美丽中国
——我们共同的家园

亲爱的小朋友:

你们好,我是中国。我从千年风雨中走来,如今拥有着可爱的儿女、绵延的山川、奔流的江河以及强大的国力,兴衰荣辱沉淀下来的我又焕发出新的生机。都说我是一个独一无二的国家,的确,我有着独一无二的地理位置,我的身体里有高原、盆地、平原,世界第三和第五大河也位于这里,它们就是我们大家都熟悉的长江与黄河……

我们认识的这些年,你们对我的了解有多少呢?在这里,我再做个自我介绍吧。不如就顺着上面,先从美丽的风光说起,在我 960 万平方千米的身体中,巍峨的山川好比健壮的躯干,奔腾的河流是新鲜的血液,宝贵的资源是跳动的细胞,覆盖的植被是我茂密的头发,是它们,赋予了我美丽的容颜和不竭的生命力。而厚重的历史和灿烂的文化给了我深邃而又高尚的灵魂,一个个缤纷但又各具特色的城市是我的语言,它们通过建筑、美食、特产续写着华丽的篇章。

　　最令我骄傲的，是我有 14 亿多可爱的中华儿女，其中当然也包括正在读信的你们，谢谢你们对我的关怀、信任、保护、建设和赞颂，未来也一起往前走吧，我们都会越来越好！

　　祝你们健康快乐地长大！

你们永远的家园　中国

Day1 好大一个家

  我们的祖国，是一个五星红旗高高飘扬的国家，有着辽阔的土地、秀丽的河山、勤劳的人民……我们生于此，长于此。这里便是我们最熟悉的地方——中国。中国被称为东方巨龙，我们中华儿女被称为龙的传人，身为其中一分子的你，对她了解有多少呢？

  我叫中国，就是那个大名鼎鼎的中国。我不仅名声大，版图也不小，是世界第三大国。我可不是在吹牛，听说马上就有一群小朋友来看我，我已经迫不及待地想带他们去周游啦！

秘密日记

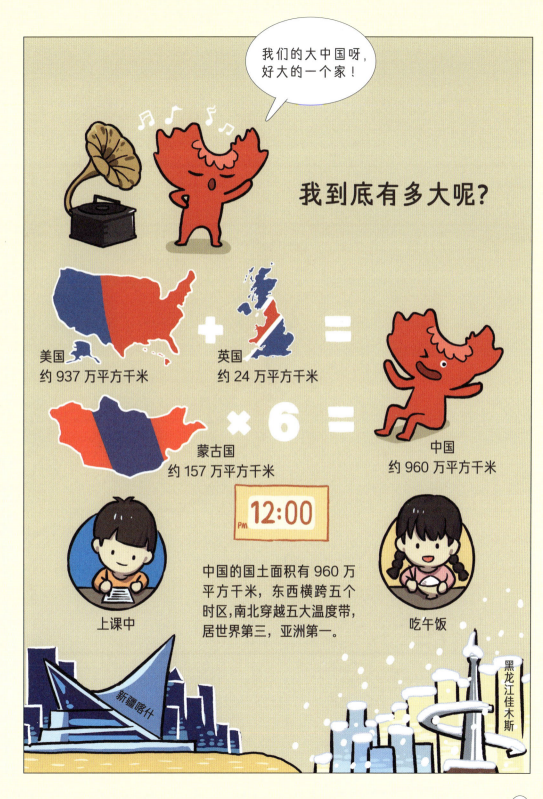

我们的大中国呀,好大的一个家!

我到底有多大呢?

美国
约 937 万平方千米

英国
约 24 万平方千米

蒙古国
约 157 万平方千米

× 6 =

中国
约 960 万平方千米

PM 12:00

上课中

吃午饭

中国的国土面积有 960 万平方千米,东西横跨五个时区,南北穿越五大温度带,居世界第三,亚洲第一。

新疆喀什

黑龙江佳木斯

辽阔的疆域

如果想要从最西端的帕米尔高原步行到最东端的黑瞎子岛（5 200 千米，平均时速 5 千米），你可能要走 43 天 8 小时才能到达。

新疆帕米尔高原（73°40′E）处于东五区

你好你好！

———— 国界线
———— 海岸线

中国包括 960 万平方千米的土地面积、473 万平方千米的海域面积和 1 260 万平方千米的领空面积。

黑瞎子岛
（135° 2′ E）
处于东九区

黑龙江省漠河
（53° 33′ N）
平均气温 -5.5 摄氏度

你们好啊，我是地球！我们后面会再见的，祝大家旅途愉快！

从最北端的漠河到最南端的曾母暗沙有 5 500 千米的距离，哪怕是有一条笔直的公路连接两地，开车过去（平均时速 80 千米）也要 2 天 17 小时。

南海曾母暗沙
（3° 58′ N）
平均气温 26 摄氏度

南海诸岛

Day2
6 500万年前的
一场较量

翻开地图，就会清晰地看到我们的国家，她如一只雄鸡般屹立在世界的东方，960万平方千米的大地上，56个民族亲如一家。接下来，我们先看一看中国的"前世"吧！

敲黑板

领土顺口溜

头上顶着黑龙江
脚踏曾母暗沙岛，
嘴喝两江汇合水，
帕米尔上摆摆尾。

当时的地球只有一块大陆，一家"六口"生活在这里。

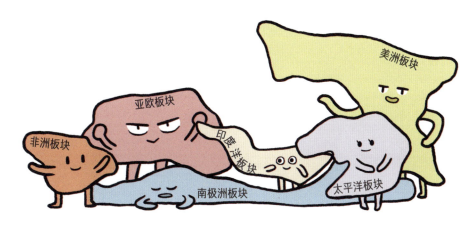

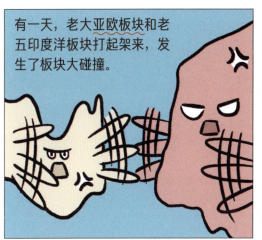

有一天，老大亚欧板块和老五印度洋板块打起架来，发生了板块大碰撞。

亚欧板块仗着自己块头大，直接把印度洋板块压在了身下。

亚欧板块逐渐抬升，并且越来越高，就形成了号称"世界屋脊"的青藏高原和喜马拉雅山，它们平均海拔在 4 000 米以上。

然而这场大碰撞的洪荒之力

还没有释放完毕，

剩余力量开始向外扩散。

黄土高原、云贵高原升到了海拔 2 000~3 000 米。

海拔／米

3 000

2 000

1 000

黄土高原　　云贵高原　　　塔里木盆地 0

华北平原、东南丘陵等，没有升太高，保留在了海拔 500 米以下。

青藏高原

华北平原　　东南丘陵　　长江中下游平原

第一阶梯

黄土高原　　云贵高原

第二阶梯

华北平原　　东南丘陵

第三阶梯

这就形成了中国地形的三大阶梯。

主编有话说

三大阶梯指的是我国的地势，整体呈西高东低的趋势。各阶梯间有各自的分界山脉，第一阶梯和第二阶梯的分界山脉是**昆仑山脉、祁连山脉、横断山脉**一线，第二阶梯和第三阶梯的分界山脉是**大兴安岭、太行山、雪峰山**一线。

Day3 看看你的家乡在哪里

白山黑土的故乡——东北平原

既然已经知道我是怎样形成的了，那就该去我家做做客啦，不如我们就沿着"三级阶梯"出发吧！

首先，我们来到的是位于第三级阶梯的东北平原。

中国最大的平原——东北平原。

▶延伸知识

东北平原是全球仅有的三大黑土区域之一。这里的土地肥沃，是中国最重要的粮食生产基地，有"北大仓"之称。

沃野千里——华北平原

水乡泽国——长江中下游平原

关于江南的诗句有哪些？

山寺月中寻桂子，
郡亭枕上看潮头。
——唐·白居易
《忆江南词三首(其二)》

春水碧于天，画船听雨眠。
——唐·韦庄
《菩萨蛮(人人尽说江南好)》

画船儿天边至，
酒旗儿风外飐。
——元·张养浩
《水仙子·咏江南》

长江上游带来的泥沙，经过长时间冲积，
形成了著名的长江中下游平原。

茶香四溢——东南丘陵

说到福建，总会想起当地的特色建筑——土楼。
因为大多数由福建客家人所建，所以又称"客家土楼"。
土楼属于聚居式建筑，其形式多种多样，
有圆楼、方楼、五凤楼等类型。

中国实在太大了，走了这么久才走完第三级阶梯，接下来我们再往上走！

火焰山的传说——吐鲁番盆地

位于新疆天山东部的吐鲁番盆地，是我国夏季气温最高的地方，温度最高能达到45摄氏度。像吐鲁番地区这么热的地方，土地干旱就成了一大问题。但人的智慧是无穷的，聪明的当地人发明了一种

这就是传说中的"火焰山"吗？果然又热又干！

适合旱地的水利工程——坎儿井，即把远山地下的水通过地下暗渠引到村庄，以便减少水在地表的蒸发。

坎儿井的历史很悠久，它与万里长城、京杭大运河并称为中国古代三大工程。坎儿井中水的流量比较稳定，即使碰到干旱年份，人们的生活用水和农田灌溉也不必太过担心。

风吹来的高原——黄土高原

好壮观！
这里难道就是中国古代文明发祥地之一的黄土高原吗？

▶延伸知识

窑洞

窑洞是人们利用土崖挖出横向洞穴修建而成的房屋。窑洞顶一般呈拱形，窑口常用土坯或砖砌成。窑洞结构简单、冬暖夏凉，是中国黄土高原上的特色民居建筑。

据科学家考证，黄土高原是由风从干旱的西北部吹来的黄土堆积而成的。这里是中国水土流失最严重的地区，因为早期这里的树木被大量砍伐，夏季被暴雨强烈冲刷，时间一久就形成了现在千沟万壑、支离破碎的特殊景观。

也正因如此，这里孕育出了独特的黄土地文化，出现了以窑洞为代表的特色民居。

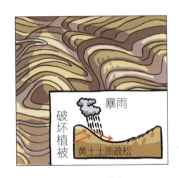

暴雨
破坏植被
黄土土质疏松

塔里木盆地

云贵高原

奇峰秀景
——云贵高原

云贵高原位于我国西南部，主要包括云南省和贵州省。与西北地区完全相反，这里气候潮湿炎热。这一地区的石灰岩厚度大、分布广，再一经地表水和地下水的溶蚀，就很容易形成岩洞、峡谷等地貌，是世界上喀斯特地貌主要分布的地区之一。有"百里漓江、百里画廊"之称的桂林市漓江风景区，就是典型的喀斯特地貌，大家有时间可以亲临现场，去感受桂林山水的秀丽风姿。

不要以为西部都是黄沙漫天、大漠孤烟。这里还有奇峰秀景、绿水蓝天的另一片天地。

21

雪山上的明珠——青藏高原

结束了第二阶梯的漫游，终于要来到海拔最高的第一级阶梯了。

由于这里海拔高、空气稀薄、含氧量低，很多来这里旅行的人都会有高原反应，不过只要提前做好预防就万无一失啦！

便携氧气瓶

葡萄糖

抗高原反应药

高原必备物品

如果你觉得有点头晕、恶心，不要惊慌，这是正常的"高原反应"。

不愧是 4 000 米以上的高海拔地区，感觉整个人都像置身于仙境中，太美了。

Day4
交相辉映的城市

北京城的小时候

不管你是在电视上看到的，还是曾亲自到访过，一定已经认识了我们的首都——北京。它古朴又现代，庄重又活泼，那你有没有好奇过，北京城小的时候长什么样呢？关于这个问题，今天就给你答案！

营建北京城

大约 600 年前，明朝迎来了它的第三位帝王——明成祖朱棣。成为皇帝的朱棣一心想迁都北京，但每当他提起这件事，总会有大臣反对。无奈的他只能偷偷命人采办建筑材料，征调数十万名工匠，参照南京的形制，营建他心目中的北京。北京城的设计者按照《周礼·考工记》中的布局原则，前后营建了十几年。1421 年，北京已经焕然一新，建成后的北京城比南京还要气派，朱棣迫不及待地迁都，北京城再次成为首都。

增筑外城

"凸"字形的都城

　　明清时的北京城由外城、内城、皇城和紫禁城（宫城）组成。除了外城，皇城和紫禁城都在内城中，一城套一城。皇帝的紫禁城被层层包围，处在城市的最中央，外城则在内城的南边。俯瞰整座北京城，就像一个"凸"字。为什么会这样呢？原来，明初的北京是座方城，但明朝嘉靖年间，蒙古的部落首领俺答汗领军劫掠北京城南的居民和商肆，皇帝十分恐慌。为了保护城南的居民和商肆，皇帝命人在内城之外再修筑一圈城墙。城墙先从南边修起，可刚修完南城就停工了。原来，当时明朝国库空虚，修墙的经费不足。没办法，只能暂停修筑外城，草草地将南城与内城连接起来，就这样形成了"凸"字形的都城。

明初时的北京城

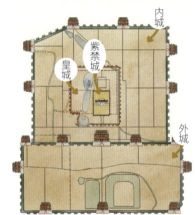

增筑外城后的北京城

北国风光——大东北

这里是号称"中国最北极"的黑龙江漠河。

好冷啊！

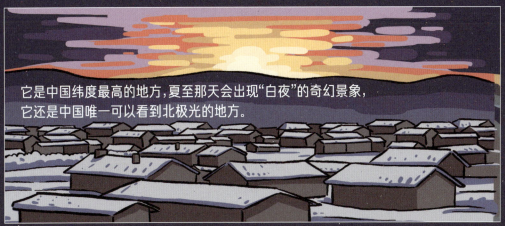

它是中国纬度最高的地方，夏至那天会出现"白夜"的奇幻景象，它还是中国唯一可以看到北极光的地方。

黑龙江省的省会哈尔滨有着"冰城"美誉，每年的国际冰雪节都会吸引世界各国游客前来。

环渤海经济圈——海滨城市

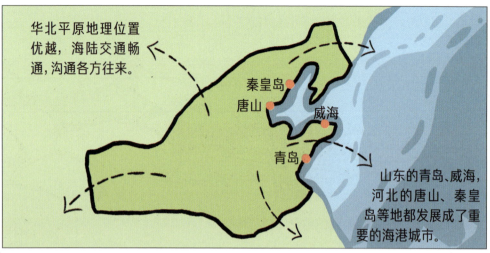

华北平原地理位置优越，海陆交通畅通，沟通各方往来。

秦皇岛
唐山
威海
青岛

山东的青岛、威海，河北的唐山、秦皇岛等地都发展成了重要的海港城市。

天津港从古至今就是中国重要的交通枢纽，连通了中国与亚欧各国的往来。

以天津为中心、周边沿海城市为支线形成环渤海经济圈，作为中国的三大经济区之一，带动了北方地区乃至全国经济的不断发展。

火车拉来的城市——石家庄

河北省省会石家庄，最初只是一个小山村。它西靠太行山，是黄土高原通往华北平原的重要关口。

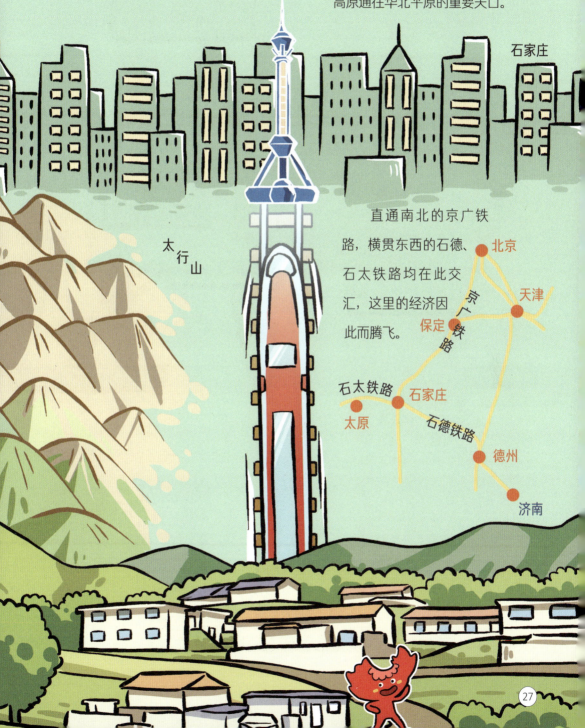

太行山

石家庄

直通南北的京广铁路，横贯东西的石德、石太铁路均在此交汇，这里的经济因此而腾飞。

京广铁路

北京

天津

保定

石太铁路

石家庄

太原

石德铁路

德州

济南

交通枢纽——郑州

旅客朋友们,郑州站到了!

　　郑州拥有得天独厚的优越地理位置,从清朝起就已是重要的铁路交通枢纽。它利用便利的交通条件,发展出很多新兴工业,其中以纺织业最为著名。

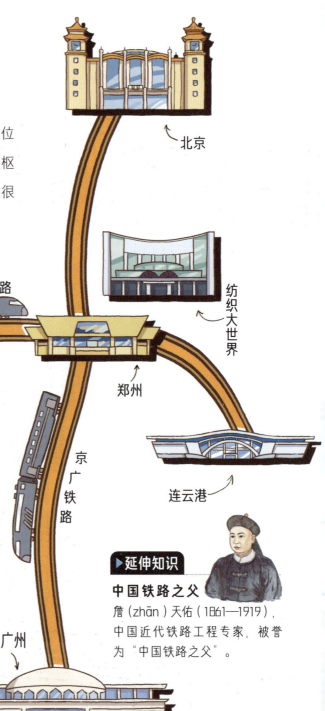

北京

纺织大世界

郑州

陇海铁路

西安

连云港

京广铁路

广州

▶延伸知识

19 世纪末,随着列强抢夺中国路权的斗争的加剧,清政府只能做出改变。1905 年,清政府任命从海外留学归来的詹天佑修建一条从北京到张家口的铁路。詹天佑顶着巨大压力和西方人的嘲讽,在没有现代机械的情况下,使用"竖井开凿法"打通了隧道。用了四年时间,京张铁路终于建成,这也是中国历史上第一条完全由中国人设计、建造的铁路。

▶延伸知识

中国铁路之父
詹(zhān)天佑(1861—1919),中国近代铁路工程专家,被誉为"中国铁路之父"。

东方明珠——上海

有着"魔都"之称的上海，不仅是中国的经济中心，更是世界知名的大都会，在科技、金融、文化等重要领域都实现了引领式的发展。上海密布的交通网络、繁华的街道、高耸的摩天大楼，都让我们感受到这座摩天都市的不断雄起。

Q&A

Q：上海的简称是什么？
A：申或沪。
Q：上海在哪一年举办了世界博览会？
A：2010 年。
Q：说出一道上海名菜。
A：八宝鸭、上海熏鱼、松江鲈鱼、水晶虾仁……

在上海，现代建筑有很多，比如东方明珠电视塔、世博会主题馆、上海科技馆等，多元的城市元素汇聚在这里，让上海独具魅力。

复旦大学

瑞金医院

上海科技馆

29

Day5 祖国的大好河山

天使眼泪落人间
——长白山天池

　　位于吉林省的长白山，是一座休眠的火山，因其独特的地理构造，造就了绮丽迷人的景观。巍巍长白山是一座令人神往的山，那里有着茂密的森林、奇特的山峰、磅礴的瀑布和珍贵的动植物，堪称一座天然博物馆。

　　其主峰白头山素有"千年积雪万年松，直上人间第一峰"的美誉，那里有很多白色的浮石和积雪。大约两千年前一次剧烈的火山喷发后，火山口处形成盆状，天长日久，积满一池碧波，就有了现在的天池，关于它还有一种浪漫的说法——"天使眼泪落人间"。

　　天池周围有 16 座奇异峻峭的山峰，白云缭绕，湖水清澈，很是壮观。这里四季风光迷人，是长白山的必游之地。关于天池的水怪传说自古至今也有很多，更为它蒙上了一层神秘色彩。

天下第一潮
——钱塘江大潮

钱塘江古时又称"浙江"，浙江流经杭州的一段叫钱塘江，钱塘江大潮是一大自然奇观。每年的农历八月十八是观潮日，据说这一习俗始于汉魏，盛于唐宋，至今已有2 000余年。当钱塘江涌潮的时候，江面先是闪现一条白线，随之还可以听到隆隆的声响，潮头从远处飞奔而来，浪头可以耸起一面三四米高的水墙，恰如万马奔腾。

钱塘江位于长江中下游平原，长江中下游平原最显著的特点是地势低平，河渠纵横，湖泊星罗棋布。中国的五大淡水湖，均坐落于此。它们分别是江西省的鄱阳湖、湖南省的洞庭湖、江苏省的太湖和洪泽湖，以及安徽省的巢湖。

主编有话说

淡水湖，是指以淡水形式积存在地表上的湖泊，其湖水含盐量较低。鄱阳湖是我国第一大淡水湖。

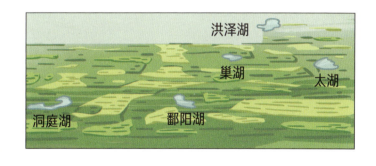

石窟最早是僧人们在山中修行时开凿的"小房间"，源于印度。佛教沿着丝绸之路来到中国后，石窟这一建筑形式也紧跟着传入中国。位于河西走廊西端的敦煌，是丝路上的交通要塞，过往的商人、僧侣络绎不绝。

公元 366 年，一位叫乐僔（zǔn）的僧人云游到敦煌。当他来到宕泉时，看到天空中金光闪耀，认为这里是修行的好地方，于是在鸣沙山东麓的崖壁上开凿了第一个石窟。后来，越来越多的僧人来到这里开凿石窟。一直到元朝，开凿活动才渐渐停止。这就是被称为"千佛洞"的敦煌莫高窟。

别看西北地区地处偏僻，这里孕育出了非常多的中华瑰宝。

敦煌莫高窟 中国壁画艺术的最高峰

嘉峪关 天下第一雄关

秦始皇陵兵马俑 世界八大奇迹之一

黄帝陵 华夏文明的创始者墓

中华第一瀑
——黄果树瀑布

黄果树瀑布位于我国贵州省安顺市，以水势浩大著称，是世界上著名的瀑布之一。黄果树瀑布受到了历代文人墨客的赞赏，吟诵黄果树瀑布之美的诗文也有很多。古代著名旅行家徐霞客在300多年前就对黄果树瀑布做了这样的描述："捣珠崩玉，飞沫反涌，如烟雾腾空，势甚雄厉……"其壮观澎湃，可见一斑。徐霞客也因此成为中国历史上对黄果树瀑布进行详尽记载的第一人。

热带植物基因库——西双版纳热带雨林

西双版纳热带雨林位于云南省的西双版纳州，如今已成立了自然保护区，这为保护野生动植物资源及其周围的生态环境提供了有力保障。我们应该共同努力，守护好这颗璀璨的明珠。

佛教圣地
——布达拉宫

西藏自治区首府拉萨，有着"日光之城"的美誉。那里空气透明度高，太阳光照也强，湛蓝的天空总是泛着微微的橙色。说起拉萨，我们就不得不提到布达拉宫，就像谈到北京，一定会想到天安门一样。

布达拉宫于1994年被列为世界文化遗产。据传，布达拉宫是吐蕃王朝赞普松赞干布为迎娶文成公主而修建的，整座宫殿都颇具藏式风格，气势雄伟而神圣，每年都吸引着千千万万的朝圣者前来朝拜。

这里常年受紫外线直射，来旅游一定要做好防晒哦！

金银花

天麻

植物王国

云南省因植物种类繁多而闻名中外，是我国植物种类最多的省份，所以有"植物王国"的美称。那么，云南省为什么能够成为植物王国呢？这还要从它得天独厚的地理条件说起。云南位于中国西南部，省内地势起伏大，又被北回归线穿过，因而其温暖湿润的气候对于植物的生长非常有利。

那里不仅有我们常见的植物，古老的、衍生的、独特的、外来的植物也有很多。据统计，在全国约 3 万多种高等植物中，云南省就占了二分之一。美丽的彩云之南，果然名不虚传！

选一选

01 以下有世界屋脊之称的是哪个高原？（　　）

　　A. 青藏高原

　　B. 帕米尔高原

　　C. 云贵高原

02 要是你想在国内看到北极光，可以去哪个城市？（　　）

　　A. 香港

　　B. 北京

　　C. 漠河

六年级 科学

03 我国有几大阶梯？（　　）

　　A. 一个

　　B. 两个

　　C. 三个

植物王国   拉萨

日光之城   江浙沪

包邮地区   长白山天池

天使眼泪落人间   云南

二年级 科学

选出来正确的那一块儿吧!

1   2   3

第二章 中国历史
——上下五千年

　　"历史"一词在《现代汉语词典》中的解释是"自然界和人类社会的发展过程，也指某件事物的发展过程和个人的经历"。也就是说，历史在一般情况下，总是有载体的。那谈到历史的载体，你划过脑海的是什么呢？是厚重的古城墙，还是斑驳的青铜器？是泛黄的古籍，还是悠久的发明？这些事物都穿过了长长的光阴，至今留在那里，帮助人们感受呼啸而来的历史，提醒着世人时代的变迁。

　　历史，也正是因为有了这些载体而不再抽象。龙椅的交接让我们看到了一部微缩的帝王史，看到了各位站在权力巅峰的君主是如何指点江山的；都城的兴衰让我们看到了一个时代的辉煌与悲痛，记录历史的紫禁城如今也变成历史本身；理念的发展与融合阐述了一场场思想史的革新，也让我们认识了一位位时代的先驱者。历史是文化的传承、积累和扩展，它们共同勾勒出人类文

明的轨迹。

正如《人类群星闪耀时》一书中所说："一个民族，千百万人里面才出一个天才；人世间数百万个闲暇的小时流逝过去，方始出现一个真正的历史性时刻，人类星光璀璨的时刻。"那些在历史书中出现的名字或许不都是天才，但每一个事件都成为中国历史这条漫长时间线上的深刻节点，它们代表和记录着各自的时代，又留给了后人无尽的思考与启示。

读史明智，鉴往而知来。关于历史的书有开始也有结束，但历史的发展却是无穷尽的，新一页的时代篇章已经开启，去书写属于你们的历史传奇吧！

Day1
古时的首都长啥样

你有没有好奇过：以前朝代的首都长什么样呢？历史总是在流动，而每一个国都就像是当时的一张名片，国都变迁了，但文明依然存在。接下来，我们就看一看它们曾是如何繁华，又是如何没落的。

城的布局

这座都城规划有序，都城中最重要的地方从北到南，依轴线排列。最北边是祭祀区域，国家的一切祭祀活动都在这里举行；中央是筑有围墙的宫城，夏王在这里居住和处理政务；宫城的南边分别是绿松石作坊和铸铜作坊，手工业者在这里为国王制作绿松石制品和青铜器。贵族们住在离宫城最近的地方，平民住在普通居住区。

夏王的宫殿

这座大宫殿很可能是夏王居住、处理公务和举行会议的场所。

铸铜作坊

人们在铸铜作坊里为夏王铸造各种青铜器。

骨器作坊

夏朝人将骨头加工成骨镞、骨簪等器物的作坊。

绿松石作坊

夏朝的王和贵族非常喜欢漂亮的绿松石，于是夏王就在宫城南边设置了制作绿松石的作坊。能工巧匠们在这里为夏王加工绿松石制品。

历史的载体可不只有美食，变迁的国都也是历史的见证者。4 000 多年前，中国大地上分布着很多大大小小的部落族群，部落之间互相竞争，时常引起冲突。后来，小部落结成联盟，组成大部落，形成了称霸一方的"邦国"。邦国形成之后，冲突更加频繁。强大的"邦国"逐个征服小"邦国"，最终形成广域的王权国家。国家的首领也成为拥有最高权力的王。

祭祀区

国家举行祭祀活动的地方。

古老的车辙痕迹

考古工作者在这里发现了中国最早的双轮车辙，证明距今约 4 200 年前，中国就出现了双轮车。

城南的贵族墓

这是埋葬王室或贵族的墓地。在墓葬中出土了很多玉器、青铜器等珍贵文物。

最早的国都

夏朝是中国历史上第一个朝代。据史料记载，大禹因治理黄河有功，继承了舜禅让的王位，建立了夏朝。大禹去世后，他的儿子启破坏了贤能者即位的"禅让制"，强行继承王位，国家成为启的私产。启将王位传给自己的后代，并世代相传，开始了"家天下"。在古代，帝王居住的城市被称为国都或王都，夏王居住的都城应该是整个国家最庞大的城市。夏朝的一位王在今天河南偃师附近修建了一座庞大的城市，作为国家的都城。

繁华的临淄城

西周时，诸侯如果想筑城池，需要完全遵守周王定下的规矩，城池的面积、城墙的高度和长度不得超过周王的王城。但到了春秋战国时期，诸侯们已经不在乎周王的规矩了，为了提升城池的防御能力，他们把城筑得又高又大。

蹴鞠（cù jū）

又叫蹋鞠，是我国古代的足球。"蹴"和"蹋"都是用脚踢的意思，"鞠"是指球，合起来就是踢足球的意思。

六博 又叫陆博，是一种古老的棋类博戏，春秋时期就已经存在了。据记载，六博在临淄城内非常流行。

赛狗

吹竽

42

临淄是齐国的都城，是战国时期规模最大、最繁华的城市之一。临淄城是个双子城，分为大城和小城。大城是贵族和平民居住的地方；小城位于大城的西南角，是国君居住的地方。为了防御敌人，齐王不仅将城墙修得又高又厚，还在城墙外开挖壕沟，与河流一起形成城壕。齐国人还在筑城时建了全城的排水设施。每到雨天，雨水就会顺水道流入城外，城内不会有积水。

临淄城内商业和手工业繁荣，人口众多。据说临淄城有 7 万多户人家，生活着 35 万人，如果发生战争，能随时召集 21 万兵卒。据史书记载，临淄的居民非常富有，生活丰富多彩，百姓们喜欢音乐，闲时也会玩些斗鸡赛狗、下棋踢球的游戏。

滥竽充数

这是一个发生在临淄城的古老故事。竽是一种吹奏乐器。春秋战国时期，竽在齐国非常流行，齐宣王非常喜欢听竽的合奏。一位人称南郭先生的读书人不懂吹竽，却谎称自己擅长吹竽，并成了一名宫廷乐工。每当宫廷合奏时，南郭先生就混在其中，摇头晃脑，假装卖力吹竽。齐宣王死后，齐湣（mǐn）王继位，他喜欢听竽独奏，便要求乐工一个一个地吹给他听。南郭先生听说后，心知再也不能蒙混过关了，于是悄悄逃出了宫廷。

摩肩接踵

临淄城的街道非常拥挤，行驶在街道上的车子会发生车轴相撞的情况。街道上的人多到肩膀互相碰撞，如果大家一起挥洒汗水的话，就会像下雨一样。

斗鸡

历经战火的秦都咸阳

　　战国后期，诸侯国互相兼并，频繁的战乱不仅给百姓带来了痛苦，也给城市带来了灾难，其中影响最大的是秦国的统一战争。秦国每灭一国就会摧毁一座都城。为了防止六国"死灰复燃"，秦国将诸侯国的贵族和财富统统迁往秦都咸阳，使得六国原来繁华的城市变得凄惨冷清。

摧毁六国宫殿

繁盛的咸阳

　　秦国国都咸阳在战国时期就很庞大。秦始皇建立秦朝后，咸阳城的商业和手工业非常繁盛，人口也随之暴增。在这座巨大的都城中，最恢宏的房子是秦始皇的"家"。

始皇帝不仅拥有前朝皇帝遗留的庞大宫殿群，灭六国后，又相继仿造了六国的宫殿。拥有众多宫殿的秦始皇仍不知足，他又征调万民建阿房宫。不过因为战争，这项劳民伤财的工程被迫停止了。

火烧咸阳城

秦始皇死后不久，国内爆发起义，六国贵族也纷纷反秦。项羽和刘邦的军队成为击败秦军的主力。秦军溃败后，刘邦攻入咸阳。他下令封锁国库，关闭宫门，与百姓约法三章，等待项羽大军到来。项羽带领大军进入咸阳，看到繁华的咸阳城，将秦皇宫府库中的财宝抢掠一空，作为自己的战利品。他还放火烧城，大火延绵三百里，整整烧了3个月。整个咸阳城被烧成了废墟，如今只为我们留下了厚厚的夯土台。

如棋盘的长安城

　　隋唐时期，中国出现了两座规模宏大的城市：长安和洛阳。长安城
是隋文帝杨坚建的。杨坚建立隋朝后，原来的长安城已非常残破，隋文
帝决定在旧城东南方向筑新城，并为新城起名大兴城。除了建大兴城，
隋朝的皇帝也启动了开凿大运河、营建洛阳等重大工程，但
因过度消耗国力，引发了起义。唐国公李渊趁势
攻占长安，随后建立了唐朝。

长安城 108 里坊

　　唐朝建立后，统治者将大兴城在原有基础上扩建了一番，并恢
复了原来的名字——长安。长安城总面积 80 多平方千米，全城布局整齐划一，
由宫城、皇城、郭城 3 部分组成，郭城内有南北向街 11 条、东西向街 14 条。

　　纵横的街道将城市分成了 108 个方块，俯瞰视角下的长安城就像一个围棋棋盘。郭
城里的方块是"里坊"，大多是居民的住所，当时最热闹的东市和西市也在其中。大部
分里坊内都有十字形的街道，里坊被街道划分成 4 个小区。为方便管理，坊的四周筑有
围墙，面对街道的围墙设有坊门，只有坊门开启，居民才能出入。

长安城规模宏大，不仅住着本地居民，还有来自全国各地的举子、商人、文人墨客，以及来自外国的使者、客商、僧尼。人口最多时竟达百万，是当时世界上最大的城市之一，也是最繁华的国际大都市之一。

▶延伸知识

安史之乱时，长安城遭到了破坏。公元880年，黄巢起义军攻占长安，在城内焚烧、抢掠，长安城遭到更严重的破坏。公元904年，朱温挟持唐昭宗迁都洛阳，并强制居民迁居。长安城的宫殿和里坊被拆除，能用的建筑材料一同运往洛阳，这座当时最大的城市就这样成为一片废墟。

Day2 龙椅上的帝王们

统治者的更迭，想必是历史变迁最直接的表现方式之一。一位国君的登基，向世人展示的不仅是他的野心与抱负，还有治国思想和政治版图。在历史的长河中，你一定也有印象深刻的帝王吧？他们并不完美，但却都赋予了各自时代以光彩或启示。

秦王扫六合

秦始皇是一位很有韬略的皇帝。秦国强盛起来以后，自然有一统天下的野心，"秦王扫六合"说的便是秦始皇统一天下的故事。在秦始皇统一六国之前，各诸侯国都有自己的文字、钱币、尺度标准等，统一之后相互之间交流多了，标准不同就带来了很多麻烦，所以秦始皇对这些都做出了明确的统一规定,这就是历史书上说的"书同文，车同轨"。

▶ 延伸知识

度量衡

秦朝颁布了统一度量衡的诏书，方便了人们日常的交易和买卖。

度指尺度，是古代用来测量物体长短的工具，类似于今天的尺子。

度

量指计算、测量东西多少的器物。量器，是当时测量粮食多少的器具，有方形的也有圆形的，有铜制的也有陶制的。

铜量　　陶量

权指当时用来称质量的秤砣，主要为铜制、铁制、陶制和石制。衡又叫"衡杆"，类似于今天的秤杆，不同的是，当时的提纽位于衡杆的中间部位，一端挂权，一端称量被称物品，衡平便能得出斤两。权与衡合称"权衡"。

衡　　　　　　权

汉高祖刘邦的一生，充满了神奇色彩。他出身农家，不喜欢读书，也不喜欢农事，但却为人豁达，广交朋友。在陈胜、吴广起义之后，刘邦在萧何等人的拥护下于沛县起义。后来，他们逐渐发展为反秦义军的主力之一。天下英雄云集其麾下，刘邦知人善用，成就了一番伟业。

刘邦与项羽都是秦末起义军的领袖。灭秦后，项羽掠夺咸阳财宝，回到了江东老家，自称西楚霸王，后又分封诸侯。刘邦被封为汉王。刘邦表面顺从，私下却暗度陈仓，攻入关中。项羽四处征战，早已失去了民心。刘邦在萧何、韩信、张良等人的帮助下，最终击败项羽。项羽最后逃至乌江，在乌江自刎，刘邦成为胜利者。公元前202年，刘邦建立汉朝。

刘邦建立西汉后，命萧何在秦咸阳城的基础上兴建都城。刘邦希望国家能长治久安，就为都城取名长安。刘邦也很重视各郡、县城市的建设，下令全国所有县以上的行政区域都要修筑城池，一时间全国掀起筑城高潮。西汉中期，全国县以上的城市已多达上千个。

修建城池

雄心勃勃的隋炀帝即位后，为了重新恢复丝路贸易，派裴矩到张掖"招商引资"，抛出优厚的条件吸引西域商人，鼓励他们去中原经商。隋炀帝看到丝绸之路即将再次畅通，决定西巡河西走廊，御驾亲征吐谷浑，并要在张掖举办一场"招商大会"，向西域诸国展示隋朝的富有和强大，以此来吸引西域商人。

盛大的"万国博览会"

公元 609 年，隋炀帝率领大军打败吐谷浑，清除了丝路上最后的威胁。随后，大部队来到张掖，在焉支山下召开了一场盛大的"万国博览会"。盛会吸引来很多使者和商人，据说光商团的队伍就排了 5 000 多米。

隋炀帝会见了西域诸部的首领和使节，与西域二十七部结为贸易伙伴。大会上陈列了许多来自中原的物产和手工艺品，精美的丝绸和手工艺品吸引了众多西域使节和商人，从此，丝绸之路再次热闹起来，西域商人纷纷来到中原经商。

隋炀帝

▶延伸知识

隋炀帝在位期间大兴土木，营建东都洛阳，开凿大运河，频繁发动战争，引起农民起义，造成天下大乱，最终导致隋朝灭亡。

洛阳的"国际交易大会"

公元 610 年，西域诸部的使者和商人不远万里来到东都洛阳朝贡，裴矩认为这又是一次展示隋朝繁荣、开展对外贸易的好机会，便向隋炀帝建议陈列展示中原的物产，开放市场。于是隋炀帝下令允许人们自由交易；命街市张灯结彩，用丝绸装饰冬天的树木，在大街设置百戏舞台，并命文武百官和民众穿上华丽的服装去舞台前观看；还令所有店铺都在店前架设帷帐，摆上好酒好菜，任由商人免费享用。

这次洛阳的"国际交易大会"令西域的商人惊诧不已，被隋朝的热情和繁华所震撼。从此，西域商人源源不断地来到中原，丝绸之路更加热闹了。

东罗马金币

波斯萨珊王朝银币

来自西方的货币

在丝绸之路沿线的考古工作中，出土了许多来自东罗马的金币和波斯萨珊王朝的银币，它们随着东西方的交流来到中国。

贞观之治——唐太宗

隋朝之后便是唐朝，隋炀帝造成的大乱，给唐朝留下了民生凋敝的烂摊子。但唐朝又是中国历史上最辉煌的时代之一，从最初的民不聊生到后来的繁荣昌盛，这其中一定不乏优秀统治者的功劳。唐太宗李世民是唐朝的第二位皇帝，他登基后，改国号为"贞观"。唐太宗在唐高祖李渊的基础之上，进一步任用贤能，安定国内外的环境，在他统治期间，出现了政治清明、经济复苏、文化繁荣的政治局面，被称为"贞观之治"。

大唐在当时是世界性的大国，无数外国客商通过丝绸之路来到大唐，中外贸易交流在盛唐时达到新的高峰，唐朝的街市中随处可见来自西域的商人和骆驼队。

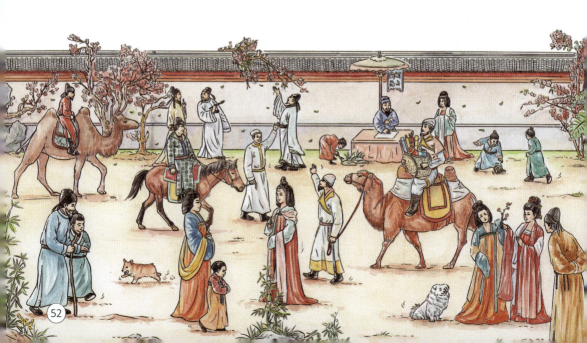

黄袍加身——赵匡胤

公元 960 年，身为后周大将的赵匡胤在陈桥驿发动兵变，亲信们拥立他为皇帝，并为他披上象征九五之尊的黄色袍子。后来赵匡胤建立了宋朝，取代了后周。每一个朝代建立后都会在前代的基础上对服饰做一些调整，于是赵匡胤将赭（zhě）黄、淡黄定为皇帝常服的颜色。

赵匡胤称帝后，平定了后蜀、南汉、南唐等割据政权，完成了全国大部的统一。后来通过两度"杯酒释兵权"，很大程度上扭转了唐末以来地方将领拥兵自重的局面，此举对宋朝乃至中国历史都影响深远。

▶ **延伸知识**

宋朝时，皇帝和官员们经常佩戴晚唐五代出现的一种直脚幞头。它的特点是在方形的帽子两侧伸出两根长而直的脚，就像两只长长的翅膀。据说，赵匡胤当上皇帝以后，发现大臣在朝会上常常交头接耳，说悄悄话。于是，他命大臣们佩戴上足有二尺长展脚的直脚幞头，这样大臣站在朝堂上就会保持一定的距离，再也不能交头接耳了。

Day3 历史悠久的农业大国

　　我国是一个历史悠久的农业大国，"民以食为天，国以民为本"是我们都熟悉的一句话。中华文化五千年，历朝历代都把农耕看成大事，农业不仅是历代王朝的立国之本，也是维系国脉民生的基业。那农业千年来是怎样发展的呢？

农业的诞生

　　新石器时代，人们在有水源的地方定居，形成了村落。随着村落人口的不断增长，人们需要更多的食物才能生存。而人类过度的捕杀行为，让村落周围的动物越来越少。为了生存，人类就靠采集的植物种子、浆果填饱肚子。人们观察到，植物的种子落地后竟然生根发芽长出了新的果实。于是，人们发现了种子的秘密，并且经过反复尝试，学会了种植农作物，农业从此诞生。

筛去杂质

晒米

给稻米去壳的杵和臼

河姆渡人用杵和臼给稻米去壳。使用时，需要手握木杵不停地在臼中上下捶捣。这种去壳的过程叫"舂（chōng）米"。

舂米

收割水稻

用来翻土的耒耜

耒（lěi）耜（sì）是最早用于翻土的农具，传说是炎帝发明的。耒耜有木质的、骨质的和石质的，目前发现最早的耒耜距今已有 8 000 多年。相传，中国古代的神农氏是农业生产的创始人，他发明了最早用于农耕的耒耜，并培育、种植五谷。

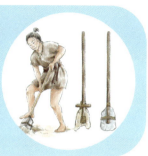

考古发现，新石器时代的人类已经开始种植谷物。7 000 多年前的河姆渡人培育了水稻，并开始大面积种植。生活在 6 000 多年前的半坡人也学会了种植粟和白菜。

给粟去壳的磨盘

磨盘是新石器时代人类用来碾磨粟的农具。粟经过反复碾磨才能去壳。

用来收割的工具

新石器时代的人类用石刀、骨刀等工具来收割粟的穗。

农业向前迈进一大步

稻

水稻的种子即是大米，去壳蒸熟后也就是我们常吃的大米饭。早在7 000多年前，河姆渡人就已经开始大面积种植水稻。

麦

小麦，最早叫作"来"，五谷之一。春秋时期，石圆磨的发明将小麦从粒食发展到粉食。小麦面粉可以制作成饼、馒头等食物。

粟

粟，又叫稷（jì），俗称谷子，去皮后又叫小米。我国北方人民的主要粮食之一，常常用来煮粥。

黍

黍（shǔ），又叫黄米，与小米相似。黍煮熟后有黏性，是古代重要的粮食作物。

菽

在古代，菽指的是大豆，也是豆类的总称。

有时，竞争也能促进文明的发展。春秋战国时期，各诸侯国征战不休，为了富国强兵，他们采用各种手段发展农业：有些国家改掉了陈旧的制度；有些国家开始使用铁质农具；有些国家为了解决水患，修建了高水平的水利工程。比如秦国李冰父子主持修建的都江堰水利工程，至今还在发挥作用。

五谷与蔬菜

春秋战国时期，人们主要的食物是五谷和果蔬。"谷"原来指的是带有壳的粮食，像水稻、小麦。五谷指的是五种谷物，分别是粟、黍、稻、麦、菽。

春秋战国时的果蔬也很丰富，我们今天常吃的韭菜、莲藕、萝卜、葱等蔬菜那时已被大量种植；桃子、李子、杏、枣、梨等水果也都已经被人工栽培。

农业技术的进步也让人们的饮食更加丰富，如石圆磨的发明推动了小麦的种植，人们开始食用面食。聪明的中国人还学会利用盐来保存食物，我们今天的咸鱼、咸肉、咸菜在那时已经很常见了。

石圆磨

当时的各国相继废除不利于农业发展的旧制度，成效最显著的是秦国。商鞅变法废除了井田制，施行鼓励开垦等一系列政策，使秦国农业迅速发展起来，秦国日渐强大，为后来的统一六国打下了基础。

小麦变成饼

战国之前，人们食用小麦时，大多是整粒蒸、煮，也有人用杵臼捣或用简易的石磨磨成粗面粉食用。春秋战国时，有人发明了石圆磨（相传发明人是我国古代著名的发明家鲁班）。自从有了石圆磨，人们将小麦磨得更细，小麦面粉制作的饼类面食也随之多了起来。

小麦去掉外壳。 ➡ 用石圆磨碾成粉。 ➡ 用水和成面团。 ➡ 将面团擀成饼，放到锅中烙一会儿，香喷喷的饼就可以出锅了。

看看这时的菜园里都有什么？

葱

韭菜

萝卜

如何储存食物

新石器时代，人们学会农耕和驯养动物后，

吃不完的食物越来越多，怎样保存食物便成了一大难题。

在冬季，食物保存的时间长一些，但到了夏天，

吃不完的食物很快就会腐烂。一开始，人们把粮食储藏到陶器中，后来

发现将粮食储藏到地下能够保存得更久。

春秋战国时期，人们除了在地下储藏食物，

还在地面上建起了粮仓。粮仓不但能防潮、防盗、通风，

还可以防虫害和鼠害。

▶陶器储藏食物

新石器时代，人们将吃不完的
食物放到陶器中储藏起来。

▶青铜冰鉴

你可能认为冰箱是现代社
会的产物，其实早在西周
时期就已经有了冰箱——
一种叫作"冰鉴"的青铜器。
冰鉴由内外两层容器组成，
食物、酒水放入内层容器
中，内层容器再放入外层
容器中，两层容器之间盛
放冰块。这样可以起到冰
镇和保鲜食物的作用，功
能类似于今天的冰箱。

　　早在春秋战国时期，古人保存肉类和蔬菜的方法就
有多种，包括我们今天使用的腌制、风干、熏制等方法，
像腊肉、咸鱼、咸菜以及各种肉干已经是古人的家常食物。
当时的人们甚至已经会用"冰箱"来储存食物，那么，"冰箱"
里的冰是从哪里来的呢？原来西周时就有了储藏冰块的
冰窖，寒冬时人们到河中采冰，并放入冰窖，到炎热的夏天，
就可以用来冷藏食物了。

河中取冰

Day4 历史上的 文人风骨

　　古代的文人想抒发内心的情感，文字成为很好的载体，所以，今天我们才可以看到如此多璀璨的诗歌与文章。在古代，学而优则仕，所以我们不难发现，许多文人的思想其实是与政治挂钩的，他们或多或少受到了追逐时代浪头的影响。他们跳跃的思想，向我们展示了古代文人不断向前探索的轨迹。

百家争鸣

　　春秋时期，诸侯国之间为了争夺霸权都在使劲儿发展，而发展的方式之一就是招揽人才。那时候涌现出大批有想法、有能力的人，大家各有各的观点，全都十分优秀，所以谁也不服谁，最后就诞生了各种各样的学派和观点，形成了"百家争鸣"的繁荣局面。其中有一位大家都知道的老师——孔子。孔子创办了儒家学派并开创了私人讲学的授课方法，他不仅是著名的思想家，也是伟大的教育家。你看，孔子正在给学生们讲课呢！

老子

"百家争鸣"时期的另一个杰出流派是道家，代表人物是老子。我们时常能在生活中听人念叨着"道可道，非常道"，这句话就出自老子的著作《道德经》。道家的思想不太好懂，但这不代表道家的思想影响很小，如果你仔细琢磨，会发现生活中很多事都可以用道家思想来解释，或者可以这么说，道家的思想早已融入中国人的骨髓里了。

注重仁义和礼仪。

儒家

主张顺其自然，遵循自然规律。

道家

支持平等的爱，反对侵略战争。

墨家

注重逻辑思考，有很多有名的辩论家。

名家

提倡通过法律法规治理社会。

法家

阴和阳是无处不在的神秘力量。

阴阳家

诸子百家我们只介绍了儒家和道家，还有哪些大家呢？

尊崇儒术

汉武帝时期，为了统治更加稳固，一位名叫董仲舒的大臣提出了"尊崇儒术"的政策。前面我们刚讲了春秋战国时期的"百家争鸣"，而此政策的意思就是只推崇儒家学说。

因为儒家讲究仁义、礼仪、宗法等，所以董仲舒希望通过在全国推行儒家学说来使中央政府的权力更加集中，并且使这种集中看上去更加合理。汉武帝当然很喜欢这个政策，所以在君臣的共同努力下，这个政策对社会产生了巨大的影响。更重要的是，从此之后，儒家思想就成了中国社会的主体思想，一直延续了2 000多年。

唐宋八大家

唐朝流行写骈文，什么是骈文呢？说简单点，骈文就是特别讲究好看和好听的一类文章。想要好看，文章的用词就得足够华丽，句式就得足够工整；想要好听，读起来就必须是押韵的。这样一来，大家都开始刻意拼凑辞藻和句式，文章真正应该表达的内容反而被忽视了。写文章是为了表达情感和见解，很明显骈文已经走偏了，所以有一些文学家就率先站出来反对骈文，提倡用古文（汉朝和秦朝以前的古代散文）写作，这件事给了骈文一次重重的打击。

首先站出来的人中有两个是我们很熟悉的——韩愈和柳宗元，语文课上可没少学他们的作品。不过你可能不知道，他们倡导用古文写作可不仅仅是看不惯骈文的华而不实，还在于想要恢复以前的儒学传统，所以这不仅是一次文学改革，而且是一次文化改革。

这场运动在宋朝又再次发起，于是骈文自此消失。宋朝的六位代表人物与唐朝的韩愈和柳宗元一起，被称为"唐宋八大家"。

程朱理学

朱熹

唐宋八大家一心想要复兴儒学，他们的努力终

是没有白费。因为到了宋朝，人们把儒学和佛教、道教结合，建立了一种

新儒学——程朱理学。程朱理学被视作儒学正宗，

一度成为中国哲学思想的主流。

程朱理学的代表人物之一是大名鼎鼎的朱熹。朱熹曾

经重建白鹿洞书院，还订立了《白鹿洞书院教规》，这个教规后来

成了封建社会书院的办学模式，延续了 700 年！他还曾改建、扩建

了岳麓书院，并在这里讲课，使岳麓书院声名远播，

成为当时全国四大书院之一。

Day5 文物与古籍

每当媒体发布一条某地某文物出土的新闻时，我们都会感到巨大的惊喜与震撼，文物虽然不会说话，但它们无声地承载着历史；而记录下千言万语的古籍，则给了我们了解历代文明更为直接的机会。文物、古籍以及改进的造纸术，都是中华文明进程中的一个个里程碑。

占卜和祭祀是古代的大事，人们往往要提前好几天就开始做准备，其中一类重要的祭祀用品就是青铜器。商朝的青铜器种类非常多，而且样样精美。各种各样的青铜器用法各不相同：有的用于煮肉，有的用于盛酒，有的是乐器，有的是兵器，还有的就是单纯的祭祀用品，具有更多的象征意义。

甲骨文 青铜器

文明发展到一定程度，文字便诞生了，可文字到底是怎么诞生的呢？其实一开始，人们记录东西都是直接画下来的，但画图太麻烦了，聪明的人们就开始简化线条，逐渐形成了图画文字，久而久之，线条更加简化、抽象，进而形成了象形文字。古埃及的象形文字写在莎草纸上，中国的象形文字则刻在龟甲和兽骨上，所以我们把它叫"甲骨文"。

在商朝，人们通过龟甲的裂纹进行占卜。龟甲方便保存，所以与本次占卜相关的日期、名字等信息也就直接刻在了龟甲上面。

史家之绝唱

汉武帝时期，在一次抗击匈奴的战争中，有位将军因为中了埋伏而投降，大家都说将军做得不对，只有一位叫司马迁的史官站出来为将军说话，这令汉武帝很不高兴。随着误会越来越深，汉武帝下令对司马迁处以腐刑，并把他关进了大牢。

腐刑是一种非常屈辱的刑罚，但司马迁扛了下来。他的父亲生前是编纂历史的史官，最大的愿望就是能将历史书写下去。为了完成父亲的遗愿，司马迁宁愿受刑。就这样，他在狱中完成了赫赫有名的《史记》，记载了上启黄帝下至汉武帝之间长达 3 000 多年的历史。

敲黑板

司马迁开创了以人物为纲、按照时间顺序记叙历史的先河，这种写法叫"纪传体"，而《史记》是中国第一部纪传体通史，为后世了解古代社会历史提供了宝贵的可靠资料。

蔡侯纸

纸作为我国的四大发明之一，是人类文明的重要载体。它是如何发展的呢？此处不得不提到东汉的蔡伦，是他改进了造纸术，使古代的纸与我们现在使用的纸更为接近。纸在西汉时期就已经出现了，但是那时候的纸很粗糙，经过蔡伦改进的"蔡侯纸"质量很高，物美价廉，皇帝知道后迅速下令在全国推广。此后，中国人依然在不断地改进造纸的原料和方法，生产的纸越来越好，也渐渐走出了国门，走向了世界。

纸是这样造出来的

①收集足够的树皮、麻头、破渔网等作为原材料，把它们切一切、洗一洗、泡一泡，使它们变碎、变软。

②把原材料捞出来，继续洗一洗、捶一捶。

③把捶打好的原材料泡在石灰水里，蒸一蒸、煮一煮，这样可以处理掉原材料中包含的一些造纸不需要的成分，并且还可以脱掉原材料的颜色。

⑥加点水调配成浆液，也就是纸浆。

⑤把原材料放到大缸里捣一捣，捣得像泥一样。

④接着将原材料涮一涮、洗一洗，并且重新放到锅里蒸一蒸、煮一煮，来来回回地重复这两个步骤，直到把原材料煮烂。

⑦用专门的工具过滤、捞取纸浆，这样工具上就会形成一层薄薄的纸膜。

⑧把纸膜放到平整的地方，用很重的东西压一压，沥干水分。

⑨把一张张湿纸铺在已经烧热的墙上烘一烘，使纸变干，干透后就是可以使用的纸啦！

　　《本草纲目》的作者是生活在明朝的李时珍，主要讲的是中医草药的理论知识、草药的介绍和总结等，是中医本草学的集大成者。

主编有话说

本草学主要是研究药用的生物，其中不只包括植物哦！传说第一个研究本草的人是神农氏，而本草学真正被写成书，是五代十国之后的事情了。在李时珍之前，本草学的著作中收录的药物都不是特别多。李时珍为了写好《本草纲目》，翻遍前人的著作，加上大量的实际观察和试验，最终在书中收录了近 2000 种药物。

《本草纲目》

《四库全书》

说起清朝最出名的皇帝，康熙、雍正和乾隆一定名列其中，这三位皇帝一起创造了中国封建社会的最后一个盛世——康乾盛世。这一时期，除了政治、经济和军事，文化也得到了长足的发展，其中就有一个大工程——《四库全书》。《四库全书》可谓中国古代最大的文化工程，它呈现出了完整的中国古典知识体系，文学、历史、哲学、理学、农业、医学等全都包含在内。你能想到的，《四库全书》里基本都能找到，可以说它是中国古代文化典籍库。

▶延伸知识

《四库全书》是哪四库呢？就是我们常说的经、史、子、集。经、史、子、集其实是中国古代人主要的图书分类方法，其中，经指的是儒家经典著作，史指的是历史著作，子指的主要是我们熟悉的诸子百家的著作，集指的就是古代诗词文集。经、史、子、集加起来，基本上就是中国古代的所有典籍了。

01 我国最早的国都是哪里？（　　）

A. 洛阳

B. 长安

C. 河南偃师

02 如果你有机会参加隋炀帝的招商大会，在大会上将不可能看到什么？（　　）

A. 丝绸

B. 指南针

C. 手工艺品

03 唐朝的长安城一共有多少个里坊？（　　）

A.108

B.100

C.106

04 宋朝的商业很发达，当时汴京、杭州已是相当繁华的大都市。就像我们现在的生活一样，宋朝也有了热闹的早市，但你知道宋朝的早市为什么叫鬼市吗？

第三章 中国文化
——华夏文明的底蕴

历史长河，源远流长；文化长河，浩浩汤汤。

我们中国作为拥有五千年历史的文明古国，其漫长的历史沉淀出令世人所惊叹的瑰宝——文学艺术、民族风俗、宏伟建筑等，它们成为文明的载体，散落在我们生活的方方面面。在我们所吃的一餐一饭里，身着的一丝一缕中，住处的一砖一瓦上，都流动着文化的细流，它们穿梭千年，融合古今，润物细无声地滋润着你我。

你可以把中国文化看成一条奔腾的溪流，而服饰、饮食、建筑、交通、艺术、神话就是它的各个支脉，中国文化兵分六路，在各个领域都闪闪发光。了解了中国文化，你或许会感慨千百年来的时代变迁，或许会唏嘘一个王朝的覆灭，或许很想穿越回某个时刻体验其他时空的生活，或许只是静静地坐下来，陷入思考：我能为中国文化做些什么？

　　小朋友，我们的确非常幸运，生活在富足、安定、现代化的 21 世纪的中国，文化带给我们无穷的力量，我们可以站在巨人的肩膀上眺望很远的远方。但是，一代人有一代人的担当，时代在进步，文化也需要前行。中国文化需要你们新生代的力量去传承和创新，这样它才能够生生不息、常读常新。源远流长的中国文化是我们永远的骄傲，我们要共同守护，担起肩上的责任，将中国文化的神韵代代相传！

Day1 不止好看：各朝穿什么

文化藏在我们的平常生活中，润物细无声地塑造着我们的生活，影响着中国人的衣食住行。

今天穿什么衣服？这也许是很多人早上起床后思考的第一个问题。在文化发展的漫长历程中，衣服超越了遮蔽身体的基本功能，它可以是身份的象征，可以是生活习惯的体现，可以是审美的寄托。它不断承载起越来越厚重的文化内涵，成为宝贵的文化遗产。服饰变迁史也是文化史的重要组成部分。

学习穿汉服

中华文明是多民族融合的文明，民族融合也体现在不同民族服饰上的相互借鉴、影响。比如在由鲜卑族建立的北魏，民族融合进一步发展。这一时期，政局混乱，战乱频繁，各族人民为了逃避战乱，四处迁徙，胡人与汉人渐渐混居，胡人逐渐喜欢上了汉人的长衣长袍，汉人也接受了胡人的短衣短裤。此外，人们的服饰还会随着统治者的喜好换来换去，今天穿长袍，明天穿短衣，没有固定的穿衣规则。

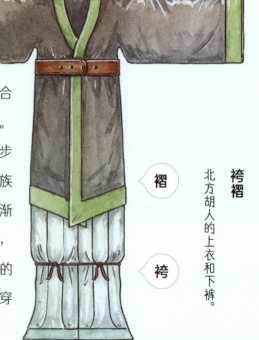

褶

袴

袴褶
北方胡人的上衣和下裤。

褶（xí）

褶，也就是上衣，有长有短，有对襟和交领等不同的款式。

袴（kù）

袴是一种非常肥大的裤子，古人为了方便骑马和劳动，还会在裤子的膝盖处用丝带扎起来，又称缚袴。

穿袴褶的男子

穿长袍的男子

裲(liǎng)裆(dāng)

是一种没有袖子的衣服，就像今天的背心和坎肩。南北朝时，裲裆是男女都可以穿着的衣服。

男式裲裆

女式裲裆

北魏有一位叫拓(tuò)跋(bá)宏的皇帝，他深刻认识到了汉文化的博大精深，认为应该学习汉文化，这样才能更好地统治一个多民族国家。有远见的拓跋宏说干就干，他将鲜卑的拓跋姓改为汉族的元姓，命令所有人学汉语，甚至将国都迁到洛阳。这还不够，他还下令禁止胡人穿胡服，只许穿汉人的长衣长袍，违令者要受到惩罚。一时间，胡人不敢再穿胡服，倒是汉人喜欢上了方便劳动的胡服。

▶延伸知识

带头穿胡服的太子

元恂（xún）是北魏太子，孝文帝拓跋宏的长子。洛阳的夏天炎热，太子为图凉快，不顾皇帝的命令，带头脱掉了汉服，穿起了胡服，其他人也纷纷效仿。皇帝发现后，太子仓皇逃跑，并起兵反抗。皇帝平乱后，将太子赐死。

不许再穿胡服！

爱美的大唐女子

　　爱美并不是现代社会的专利，古人同样爱美。唐朝女子
的地位很高，她们可以骑马，可以穿男装，可以穿袒胸露臂的衣服，
甚至还可以当皇帝。唐朝女子的衣服华丽、种类繁多，要是出门，
她们一定会穿上襦（rú）衫，配上漂亮的长裙，襦衫外有时还会
套上时尚的半臂，披上漂亮的帔（pèi）帛（bó），走起路来帔
帛随风摆动，漂亮极了。

除了注重穿着，唐朝女子也十分讲究自己的容貌。她们喜欢在额头贴上各种形状的花钿，描画不同样式的眉毛。唐朝女子每天都会梳各式各样的发髻，还要在发髻上插上鲜花，像牡丹花、芍药花、荷花、海棠花等一些应季的鲜花都是她们的选择。

螺髻

垂髻

倭堕髻

单刀半翻髻

多样的眉形

唐朝女子特别喜欢画眉毛，从初唐到晚唐，眉毛的样式已发展出十几种，就连未成年的女孩儿竟然也模仿大人画眉毛，唐朝诗人李商隐的《无题》一诗中就有提及："八岁偷照镜，长眉已能画。"

好看的花钿

花钿是古代女子贴在额头上的花饰。额间饰花钿并不是起源于唐朝，据说源自南朝。传说南朝的寿阳公主在屋檐下休息，一阵微风吹来，一朵梅花落在她的额间，等她醒来时，发现梅花在她的额间留下了淡淡的花痕，且久洗不掉。后来，宫女竞相模仿这样的妆容，称之为梅花妆。

清宫剧中的满族服饰

文明的历程常伴随着残酷的战争，由于服饰是风俗文化的鲜明体现，新的统治者为了巩固统治，推行自己的风俗文化，往往严厉地推行服饰改制。比如建立中国最后一个封建王朝——清朝的满族人，作为金代女真族的后裔，一直保持着本民族的传统。

入主中原之后，满族统治者发现，很多地方还残存着明朝势力。恼羞成怒的清朝统治者为了让民众彻底归顺，颁布了"剃发易服"的法令。法令规定，除了僧道以外，汉族男子必须遵照满俗剃掉周边头发，仅在头顶留一小块铜钱大小的头发，并结成辫子，否则要杀头。古人认为，身体和头发都是父母给的，不能毁坏，因此许多人抗拒这一法令。除了剃头，清朝统治者还要求人们"易服"，男子不能再穿汉服，只能穿满族的服饰，违者会有牢狱之灾。

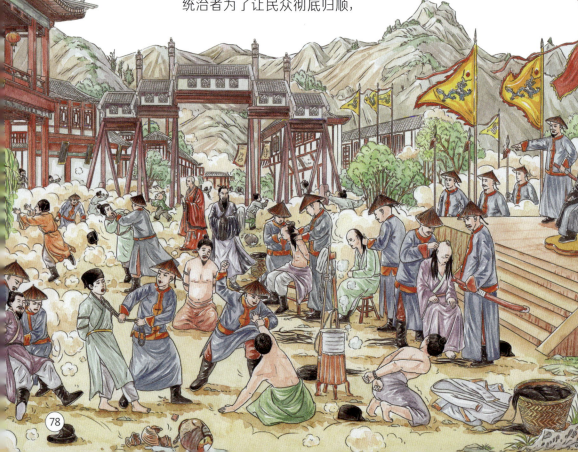

马蹄袖

清朝的袍子袖端有一种弧形的袖头，形状非常像马的蹄子，所以叫作"马蹄袖"。马蹄袖最初是为了给手背保暖。

长袍　　　　　马褂

清朝男子的服装主要是袍子和马褂。男子的长袍长至脚踝（huái），袖口有马蹄袖式和平袖式。清朝以前，人们大多把袍子当作外套穿在外面，把短褂、短衫穿在袍内。而在清朝，马褂穿在外，袍子却穿在内。

清朝有一种特别的黄色马褂。从宋、明起，黄色就成为"贵色"，除皇帝之外的人一般不能使用。

到了清朝，皇帝允许他的贴身侍卫穿黄马褂，还将黄马褂赐给立功的官员。所以，在清朝穿黄马褂就像得到了奖状，非常光荣。

清朝的满族女子的传统服饰是长袍，包括开衩的"氅（chǎng）衣"和衬在里边不开衩的"衬衣"两种，也就是后来旗袍的前身。

满族女子的发型也很特别。在清前期，满族女子喜爱盘辫，到了清后期，一种叫"两把头"的发型最为流行，时常在清宫影视剧中出现。"两把头"又叫"一字头"，做这种发型时，需要将头发梳成左右两个发髻，再用一支大簪子固定，最后给发髻戴上各种发饰。此外，"大拉翅"的发型也很常见，它高高挺立的样子，不禁令人想起高耸的牌楼。

▶延伸知识

满族入主中原后，规定大臣觐见皇帝时，要将马蹄袖放下来，再行跪拜礼。

两把头　　　大拉翅

Day2
餐桌上的文明

回顾历史，我们的祖先挥动器具掘开泥土，小心翼翼地播下珍贵的种子；再看看今天，我们轻松地使用各种现代化厨具，烹调来自天南海北的食材。千百年来，我们对于美食的热爱从未改变，桌上的食物所体现的正是文明的发展、交融和进步。

古老的用餐礼仪

周朝的餐桌上有一系列需要遵守的礼仪，大到餐具使用，小到怎样吃饭、怎样吃粥、怎样吃肉……这些礼仪告诉人们哪些行为是不礼貌的，哪些吃饭的方法是不正确的。直到今天，我们的餐桌上还保留着部分这样的礼仪要求。

毋固获

不要只吃自己喜欢的一种食物，或者去争抢某种食物。

毋咤食

吃饭时，嘴巴不能发出声音，发出声音是对主人的饭菜不满意的表现，是非常不礼貌的行为。

毋放饭

拿过或吃过的食物不能再放回餐盘之中。

毋投与狗骨

客人除了自己不能啃骨头外，也不要把骨头丢给狗去啃，这样主人会认为你对饭菜不满。

共食不饱

与别人一起吃饭时，自己不能吃得太饱，要注意谦让。

毋剔齿

吃饭时不要随意剔牙齿，如果塞牙要等到饭后再剔，当面剔牙在今天也是一种非常不礼貌的行为。

毋嚃炙

在吃烤肉时，不要将大块的肉一口吃下，狼吞虎咽的行为非常不得体。

毋啮骨

吃饭时，不能在饭桌上啃骨头，这样会发出不雅的声响，而且满嘴流油，显得十分不礼貌。

食器上的"怪兽"

传说，有一种神秘的怪兽——"饕（tāo）餮（tiè）"它非常的贪婪。

周朝人常把饕餮作为青铜鼎、簋等食器的纹饰，给这些器具增添了一丝威严与神秘的色彩。

大有来头的节日美食

文明进程中诞生了许多有着重要意义的节日，富有特色的节日食物更进一步烘托了文化氛围。我国有很多传统节日，历史悠久，有些节日可以追溯到夏商，甚至更早。

中国的节日活动内容丰富，每个节日都有独特的美食。节日里的美食都有来历，有些与节令有关，有些与历史人物有关，经过千百年的传承与改良，形成了今天的节日食谱。

春节

春节是我国最重要的节日，公历的 1 月 1 日称为元旦，农历的正月初一称为春节。春节前一天的夜晚叫除夕，要吃年夜饭，北方和南方的年夜饭有所不同：北方要包饺子、吃饺子，饺子是取新旧交替"更岁交子"的意思；南方大部分地区要吃年糕、鱼、肉等菜，年糕有"年年高"的寓意，鱼是"余"的谐音，象征"吉庆有余""年年有余"。

饺子

元宵节

农历正月十五是元宵节，又称上元节，起源于西汉时期，是中国的传统节日。正月十五是新年中的第一个月圆之夜，这一天人们要吃汤圆或元宵，参加赏灯、猜灯谜等活动。

汤圆

寒食节和清明节

大约清明节前一两日是寒食节。寒食节是中国传统节日中唯一以饮食习俗命名的节日，相传是晋文公为悼念介子推而设立的。这天不能用火，要吃冷食，主要吃寒食粥、寒食面。寒食节过后就是清明节，在这一天，人们会吃青团，祭奠祖先，和家人一起去踏青。

寒食粥

青团

端午节

农历五月初五是端午节，传说是为了纪念楚国诗人屈原。端午节主要有赛龙舟、采艾叶和菖蒲、为孩子佩香囊、喝雄黄酒等习俗。这一天家家都要包粽子。粽子，又叫角黍、筒粽，由粽叶包裹糯米蒸煮而成，是端午节的节日美食。

中秋节

农历八月十五是中秋节，这天恰在秋季的中间，所以被称为中秋。古代就有在中秋节这天祭月、赏月、吃月饼、饮桂花酒的习俗，一直流传到今天。八月十五的满月又圆又亮，人们仰望圆月，盼望与家人团聚，所以中秋节又叫团圆节。

重阳节

农历九月初九是重阳节。九月九日两九相重，所以重阳又叫重九。古时候，人们会在这一天出游赏秋、登高望远、赏菊、饮菊花酒、吃重阳糕。如今，九月初九被定为尊老、敬老的节日。

粽子

月饼

桂花酒

重阳糕

菊花酒

Day3 中国建筑：
智慧与美并存

　　中国疆域辽阔，不同地方的自然地理条件孕育了不同风格的民居建筑。各有特色的建筑们，如同一部无声的百科全书，诉说着中华文明的辽远和悠久。

小桥、流水、人家

　　南宋以来，江南就是富庶和秀丽的代名词。江南除了风景优美，房子也很特别。这里的人们沿着河岸建房，生活在水网编织成的小镇里。苏州、杭州一带有很多河流、湖泊，河与河之间互相连接，织成一张河流交通网。人们在河道中央架起石桥，沿着河道建起一座座小楼，并预留出一个个小小的码头，方便人们洗涤衣物，乘船或是从来往的船只上购物。

俯瞰江南小镇周庄，

只见河道互相连接，小桥横跨河流，江南小楼林立在河道两旁，

绘成"小桥、流水、人家"的场景。

双桥

双桥由一座石拱桥和一座石梁桥组成。从远处看，双桥的桥洞和桥面很像古人使用的钥匙，所以双桥又叫钥匙桥。

富安桥

富安桥始建于元代，相传为元末明初的大商人沈万三的弟弟沈万四出资修建的。

讲究的四合院

四合院又叫四合房，是指古人在四周建造房屋，将庭院围在中间的院落。四合院早在商周时期就已出现，考古工作者在陕西周原发现了西周时期的四合院建筑遗址。

北京的四合院兴起于元朝，鼎盛于清朝。这个时期的四合院有"口"字形的一进院落、"日"字形的二进院落、"目"字形的三进院落，以及四进、五进院落。每个四合院都有一条中轴线，正房在中轴线的中心，是长辈居住的地方；哥哥住在东厢房，弟弟住在西厢房，佣人住在倒座房；家中的女子住在院子最深处的后罩房。四合院里的这种尊卑长幼的区分，正体现了古代儒家思想中的"礼"。

收售旧衣服的估衣贩

北京四合院的讲究很多，门就是其中之一。古人讲究"门当户对"，四合院的大门象征着主人的身份和地位，因此大门也分成了很多等级：王公贵族和大臣们多用王府大门、广亮大门和金柱大门，蛮子门和如意门多被商人及富户使用，普通百姓大多使用墙垣式大门。

广亮大门

金柱大门

蛮子门

墙垣式大门

当我们走进四合院时，第一眼看到的是一面装饰精美的"墙"，这就是院落中必不可少的影壁。影壁也称照壁，古称萧墙，它的主要作用是遮挡过往行人的视线。即使大门敞开着，行人从门外也看不到院内的情况。影壁还可以增强宅院的气势，并与房屋、院落建筑相辅相成，形成一个整体。

院内一字影壁墙　　　门前八字影壁

▶延伸知识

中国"三大九龙壁"

中国的"三大九龙壁"指故宫九龙壁、大同九龙壁和北海九龙壁。下图为故宫的九龙壁，位于紫禁城宁寿宫区皇极门外。

不一样的房子们

中华文明是多民族交流融合的文明，各个民族世代生活在中华大地上，分布在不同的地区，形成了不同的文化、风俗习惯，这些都体现在各有特色的民居建筑上。

比如蒙古族的牧民住在蒙古包里，傣族人住在特别的竹楼上，一部分客家人住在庞大的土楼里…… 这些不同造型的房子让中国的传统建筑艺术更加多姿多彩，我们一起来看看吧!

蒙古包

蒙古族被称为"马背上的民族"，他们过着"天苍苍，野茫茫，风吹草低见牛羊"的游牧生活。除了牛羊，伴随他们游走在草原上的还有蒙古包。蒙古包，又叫作毡包，是一种方便拆卸和携带，用羊毛毡子等材料搭建的房子，被以蒙古族为代表的草原诸游牧民族普遍使用。

藏族碉房

藏族碉房是用木构架承重，土石做墙的楼房建筑。底层一般用来圈养牛马，人们通常住在楼上。

写意的徽州民居

徽州民居大多依山傍水而建，丰富多变的屋面和山墙、灰瓦白墙的色彩是徽州建筑的主要特色。

傣族竹楼

傣族竹楼是用竹子和木头建造而成的干栏式房屋。西双版纳属于热带季风气候，降雨量大，因此人们用几十根木柱将房屋架离地面，防止潮湿对人体的侵害。

像印章的房子

"一颗印"属于三合院式民居，由正房和厢房组成，整栋房子看上去就像一块方正的印章。这种房屋多见于云南、安徽等地。

像碉堡的房子

开平是著名的华侨之乡。清朝末年，人们漂洋过海，到异国谋生。当积累了一定的财富，人们纷纷回乡建造房屋。这种开平碉楼便吸取了西方建筑特色。自此，带有防御性的碉堡式的楼房开始大量出现。

Day4 古代的交通方式

人不畏惧困难，在荒野里开辟出最早的道路，这是迈出了一步；人想要探索远方，于是驯化了牛和马来拉车、骑行，这也是迈出了一步；人对于远方的好奇战胜了对于深渊的恐惧，建造出越来越大、越来越先进的船舶，远渡重洋，这又是迈出了一步；人类文明的历史，可以说是一部探索远方、发展交通的进化史。

最早的运河

吴国是春秋时期后来居上的国家，通过吞并周边的小国逐渐强大起来。申公巫臣从楚国跑到了吴国，他唆使吴国攻打楚国，帮吴国人练兵强军。吴国击败楚国后，又想攻打齐国。为了北上伐齐，吴王夫差命人在扬州修筑了一座邗城，又调集大量人力，从长江向北挖凿航道，连接淮河。这条航道就是邗沟，是中国历史上有记载的第一条人工运河，也是大运河最早开发的一段。邗沟完工的第二年，吴军兵分两路进攻齐国，一路由邗沟入淮河，另一路从海路进发，打算一举灭掉齐国，称霸中原。

古代的快递业务

　　驿站是古代为驿使、官员、信差和过路旅客提供服务的机构，有点儿像今天高速路上的服务站。周朝时就有了驿站的雏形。春秋时期，驿站叫作"驲（rì）传"，传递公文书信主要依靠马车。战国时期，古人开始骑马送信。

唐朝的驿站网络

　　唐朝时，驿站分为陆路上的驿站和水路上的驿站。陆驿备有驿马、驿驴，水驿备有快船。这样的驿站遍及大江南北，全国大约有 1 600 多所。唐朝时期的驿站业务广泛，除了负责接待过往官吏和旅客，传递军事情报、奏章和信件文书外，还要负责追捕逃犯和递送各种贡品。

▶延伸知识

　　汉朝的驿站叫"驿亭"，传送信件的工作被分成了两种，一种是骑马的"驿"，一种是步行的"邮"，就像今天的快递和平邮。

邮　驿

驿站

驿　驿

马车

犯人

唐朝的水驿

水驿是用船来传递信息的驿站。唐朝时期，全国有 260 所水驿、86 所水陆两用的驿站。

▶延伸知识

驿驴

在唐朝，普通的旅店也有驿驴供客人租用。

贵妃的特快专递

唐朝的杨贵妃爱吃荔枝，皇帝为了讨她欢心，专门设立运送荔枝的驿马。等到荔枝成熟时，运送荔枝的驿使快马加鞭，将荔枝从千里之外的重庆涪陵日夜兼程送到长安。唐代著名诗人杜牧为此留下了"一骑红尘妃子笑，无人知是荔枝来"的诗句。

代写书信

在古代，不识字的人需要传送书信时，就要请文人帮忙代写。

旅客

荔枝

运荔枝的驿使

马背上的民族

文明的进程往往伴随着多民族的碰撞与融合，来自北方草原的蒙古族以弓马娴熟而著称，无论是远征战斗，还是日常生活，都离不开马，蒙古族也因此被称为"马背上的民族"，正是他们创建了中国历史上疆域辽阔的元朝。

延伸知识

成吉思汗是个非常厉害的人物，他建立的大蒙古国一共发动过3次西征，最远打到了欧洲的多瑙河附近。蒙古国军队能行军万里，征战到欧洲，马的功劳很大。忽必烈建立元朝后，马在人们的日常生活中更常见了，人们日常出行、狩猎、巡游时大多会骑马。

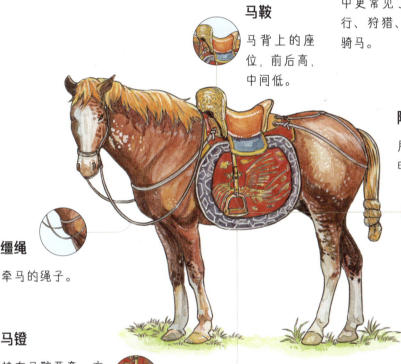

马鞍

马背上的座位，前后高，中间低。

障泥

用来遮挡马奔跑时踏起的泥土。

缰绳

牵马的绳子。

马镫

挂在马鞍两旁，方便骑马和上下马时踏脚的马具。

Day5 中国韵味的艺术

从经典的诗词，到流行的歌曲；从传统的水墨画，到有趣的漫画；从古老的皮影戏，到宽银幕的立体电影……不同时代有不同的艺术形式，也正是因为艺术，我们的精神世界才如满树繁花般丰盛。下面，我们将开启一场艺术之旅，看一看中华文化灿烂的文化遗产。

敦煌彩塑

沙漠中的石窟艺术

石窟最早是僧人们在山中修行时开凿的"小房间"，源于印度。佛教沿着丝绸之路来到中国后，石窟建筑也紧跟着传入。位于河西走廊的敦煌，是丝路上的交通要塞，过往的商人、僧侣络绎不绝。

壁画和彩塑是莫高窟中最宝贵的艺术品，它们创作于不同时代。早期的壁画和彩塑风格多是来自印度的犍陀罗式，不过，这些风格很快就与中国绘画风格相融合，形成了新风格。敦煌壁画的内容十分丰富，不仅有各式各样的佛像、佛本生故事画、说法图，还有很多表现当时社会和生活的图画。其中第257窟中的"九色鹿王本生"壁画还被拍成了动画片。

因为莫高窟的砾石并不适合雕刻，所以，人们多用泥塑造佛像。莫高窟中既有单体塑像，又有成组的群体塑像。这些塑像千姿百态、容貌各异、色彩绚丽，和壁画一样，是莫高窟的艺术瑰宝。莫高窟现存的735个洞窟中，有壁画和彩塑的洞窟就有490多个，壁画的总面积达到了4.5万平方米，彩塑多达2 400余尊。莫高窟因此成为世上规模最大、内容最丰富的佛教艺术圣地，被誉为"沙漠中的美术馆"。

▶延伸知识

九色鹿的故事

很久以前，有一只神鹿，身上有九色，被称为"九色鹿"。一天，九色鹿从水中救出一人，落水人想感谢其救命之恩，而九色鹿只要求他不要泄露自己的行踪。落水人答应后离去。一天，王后梦到了九色鹿，求国王猎捕九色鹿，要用它的皮毛做衣裳。国王出重赏寻找九色鹿的行踪。落水人知道后，带领国王前去猎鹿，九色鹿被团团围困。当得知是落水人出卖了自己后，九色鹿向国王陈述了落水人见利忘义的恶行。国王被九色鹿的善良打动，不仅放弃猎捕神鹿，还命国人不准伤害神鹿。而落水人和王后终因贪婪遭到了惩罚。

京剧名角的画像《同光十三绝》

享誉世界的国粹

中国的传统戏剧历史悠久，起源于原始歌舞。宋元时期，戏曲逐渐繁盛，杂剧大受欢迎，去瓦肆、勾栏看杂剧成为时尚。明清时期，中国戏曲的剧种就更多了，如昆曲、秦腔、徽剧、京剧等，多达上百种。

京剧是我们熟知的剧种，被誉为"国粹"。说到京剧的出现，不得不提"徽班"。

"徽班"是指安徽一带演唱二黄腔调的戏班子。公元 1790 年，为乾隆皇帝祝寿结束后，三庆班留在了北京演出，走红之后，四喜、春台、和春等徽班也来到京城发展，徽班逐渐占领了京城的各大戏台，这就是"四大徽班进京"。徽班进京之后，吸收、融合多个剧种之长，形成了一个新剧种，这就是我们熟知的京剧。

看京剧

徽班进京

爱听戏的太后

京剧的发展壮大，离不开皇室的支持，尤其是慈禧太后。她成立了皇家戏班，还经常命宫外的戏班进宫演出。为慈禧唱戏并不轻松，不仅不能出差错，还要注意很多古怪的忌讳。据说，传统名剧《玉堂春》中有句唱词为："苏三此去好有一比，羊入虎口，有去无还。"慈禧听后勃然大怒，马上命人改为"鱼儿落网，有去无还"。原来，慈禧属羊，非常忌讳别人提"羊"字，更何况是"羊入虎口"。

文小生之周瑜

闺门旦之杜丽娘

副净之项羽

武丑之刘利华

老生之孔明

刀马旦之佘赛花

副净之董卓

生、旦、净、丑

　　京剧中的角色分为生、旦、净、丑。"生"指的是男性角色，其中又划分为老生、小生和武生。"旦"指的是女性角色，其中又分青衣、花旦、刀马旦、闺门旦等。"净"指的是有特异之处的男性角色，脸部用各种颜色勾画脸谱，也就是"大花脸"。"丑"指的是喜剧角色，多只在鼻子周围勾画白色，也就是"小花脸"，有的心地善良、幽默滑稽，有的则奸诈阴险。

美丽的神话

在远古时代，甚至文字还没有出现的时候，神话故事就出现了，它们可以说是先民们对世界最早的理解和阐述。口口相传的故事，或奇幻，或瑰丽，其中都深深埋藏着我们民族的记忆以及对英雄的崇拜。《山海经》是我们研究古代神话不可多得的著作之一，其主要记述的除了神话，还有地理、物产、巫术、宗教、医药等很多方面的内容，让我们一起开启这段奇幻之旅吧!

狰

毕方

样貌 奇异	天赋 捕猎
性格 凶狠	分布 陆地

又西二百八十里，曰章莪之山，无草木，多瑶碧。所为甚怪。有兽焉，其状如赤豹，五尾一角，其音如击石，其名曰狰。

——《山海经·西山经》

样貌 奇异	天赋 纵火
性格 古怪	分布 陆空

有鸟焉，其状如鹤，一足，赤文青质而白喙，名曰毕方，其鸣自叫也，见则其邑有讹火。

——《山海经·西山经》

爱玩火的毕方鸟

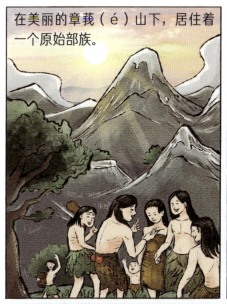

在美丽的章莪（é）山下，居住着一个原始部族。

章莪山上有一种凶猛的野兽，名字叫作狰，常常趁着夜色下山袭击人类。附近的族人十分害怕狰，但一点办法也没有。

这天傍晚，一个贪玩的少年在山林中采摘野果。

黑夜降临，少年正要抱着采摘来的果子准备回家，无意间瞥见不远处的草丛中藏着一双可怕的眼睛。

是狰！狰又下山捕猎来了！

就在少年生死存亡之际，丛林间出现了一道火光。追赶少年的狰看到火光，犹豫不前，徘徊了一会儿，转身离去。少年脱离了危险，惊魂未定地朝火光处走去。拨开草丛，他看到了让他吃惊的一幕。只见一只独脚的怪鸟，正对着熊熊烈火翩翩起舞。

他一直等到怪鸟离去，才悄悄钻出草丛，捡起一根火把往回走。后来，族人们知道这件事后，都认为是火光吓退了狰。于是，他们将少年带回来的火种小心地保存了起来。果然，自从有了火之后，

豺狼虎豹再也不敢在夜间靠近伤人了！大家还发现，生肉在火上烤熟之后，会变得非常美味。

自从有了火，大家的生活得到了很大改善。可是有一天，看守火堆的族人因犯困忘记添柴火了。等大伙儿发现的时候，火已经全部熄灭了。大家失去了火。就在这时，怪鸟再一次出现了！它用力啄着已经熄灭的木头，速度快到不可思议。奇怪的事情发生了——木头上竟然蹦出了火星！

大伙儿连忙找来尖尖的木棍，模仿怪鸟的长嘴，在木头上飞速钻动。终于，火星冒了出来！在多次尝试和改进后，大家终于取火成功！

原来这只怪鸟是毕方鸟，毕方鸟看到大家学会了钻木取火，就放心地展翅飞走了。从那以后，人类就学会了钻木取火。为了感谢毕方鸟，大伙儿恭敬地将它奉为神灵。

我们身边的哪些元素也属于中国文化

通常来说，我们国家按照语音的不同分为了七大方言，分别有北方方言、吴方言、湘方言、赣方言、客家方言、粤方言和闽方言，每一种方言下都有着更加精细的划分，和一群鲜活的受众人群画像。

在普通话日渐普及的现在，每次听到自己熟悉的家乡话，都会觉得非常亲切，这也许就是文化的"有声"魅力吧。根据方言去粗略判断一个人的家乡，这好比两个初识者之间破冰的密码。生活中有很多细小的时刻，比如，路人用方言打电话的时候，街边摊贩用家乡话吆喝的时候，某首记忆里的童谣再次被哼起的时候，我会被这些时刻打动，它们都能让我深切感受到方言文化的存在。语言和文化的关系，其实是相互沉淀、相互影响的。方言，承载着一个特定地域的文化和习俗，希望我们在说好普通话的同时，也能守护好自己的那份乡音。

01 假设在清朝你是一位富商，那你的府邸最可能长什么样？（　　）

A. 蛮子门

B. 广亮大门

C. 墙垣式大门

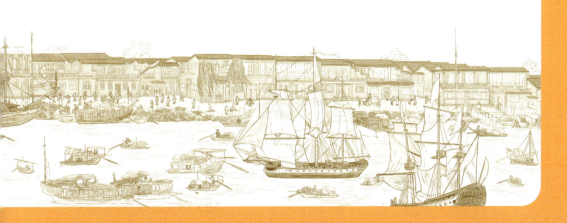

第四章 连接世界
——中国与世界的交流

2008 年 8 月 8 日，第 29 届夏季奥林匹克运动会在中国北京开幕，这是我国第一次承办奥运会，当时的口号是"同一个世界，同一个梦想"。这与我们这一章的主题"连接世界"不谋而合。从古至今，数个朝代更迭，我们中国作为泱泱大国曾雄霸一方，也曾遭受侵略，但是这一次，我们以全新的面貌又站到了世界的面前，与世界兴致盎然地再次携手同行。

你有没有想过，在古代，当飞机、轮船还没有出现，当电话、互联网还没被发明，我们是如何与世界连接的呢？读完这一章，或许你会找到一些线索。里面有令人起敬的前辈，他们为了祖国的发展身先士卒，以个人之力推

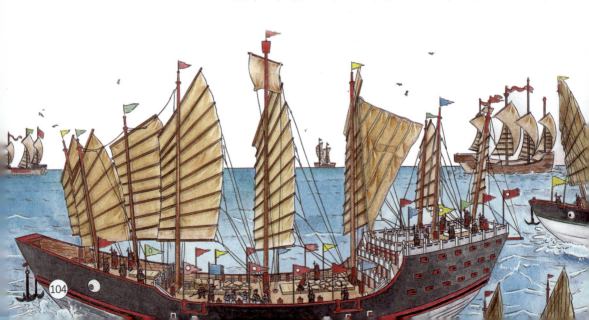

动时代的车轮；也列举了一些多元的文化，世界是多彩的，我们应当拥抱这份美好；还有一些传入国门后至今仍在的事物，好像在提醒着我们远方并不遥远。

我们的祖先是勇敢的，他们对远方充满了好奇，不惜远渡重洋、辛苦跋涉，与陌生的国度建立邦交，再引进新的事物、技术。这向外迈出的一步又一步，都是他们勇敢探索的证明。当紧闭的国门再次开启，我们开始去尝试新鲜的事物、以一种谦虚包容的态度面对外面的世界时，一个这样的国家，注定会再次崛起而焕发出光彩。如今，我们可以坦然地说：我们做到了！与世界相连，与时代相通……

Day1
为什么要与
世界交流?

与世界交流,听起来,就像是一个庞大而虚无的话题。我们该怎样与世界交流呢?交流的过程中又会发生什么样的事情呢?我们,又为什么要与世界交流呢?其实,当一个国家发展到一定阶段,便会不自觉地开启向外探索的路,走向世界的路途或许艰辛,但文明碰撞后的火花却在昭示着这份艰辛的值得。文明之间的碰撞,会带来流动,无论是可以摸得到的商品货物,还是看不见摸不着的文化文明,都会在碰撞中,悄无声息地融合在一起。

① 与世界交流让我们的生活更加丰富多彩

在与世界交流的过程中，我们的餐桌会发生变化。比如，在丝绸之路开辟之后，黄瓜、葡萄、胡萝卜等这些我们现在经常可以吃到的蔬菜水果才传入了中原地区。而我们国家的茶叶和香料在交流中传播到世界的各处时，也受到了热烈的追捧。

② 与世界交流让文化生活更加多姿多彩

在与世界交流的过程中，文化也随着交流的步伐而传播。唐朝时，玄奘不远万里前往天竺求取佛经，最终带着大批的佛经、佛像以及珍贵作物回到国内；元朝时，马可·波罗来到中国，在中国游历17年,写下了《马可·波罗游记》将中国文明介绍到了欧洲。也就是说,在交流的过程中,我们的优秀文化得以展现在世界面前，世界的多样文化也在我们眼前呈现出了它们的不同风采。这样，世界才能更了解我们，我们也才能更了解世界。

与世界的交流，不仅能让文化得以交融，也会让经济得到发展。这样的过程，必定不是简单的，在沟通的途中也充斥着艰难万险。但是，我们的祖辈一代又一代地努力着、尝试着，我们这一代也在秉承着这样的信念，与世界保持着交流。

③ 很久之前，我们就与世界紧紧相连

20 世纪 80 年代初，在一次中国南海打捞沉船的考古活动中，考古工作者意外发现了满载南宋瓷器的沉船，这艘沉船后来被命名为"南海一号"。经考古工作者鉴定，这是一艘南宋早期的木质沉船，距今已有八百多年的历史。经过考古工作者的不懈努力，2007 年 12 月沉船整体被打捞出水，并被妥善保护起来。

宋朝时，商贸活动已经不局限于陆地上，随着航海技术的发展，海洋也不再是商贸往来的阻碍。当时的皇帝为了吸引外商，推行了很多"奖励"政策，如对部分商品免税，帮助外国船舶躲避飓风，外国船舶归国时设宴饯别等。宋朝巨大的市场和优惠的政策吸引来了大量外商，供船舶停靠的港口就有 20 多处，其中广州港、泉州港和明州港最为热闹。为了管理对外贸易和港口，宋朝设立了"市舶司"。为了方便外国商人和外国移民贸易，朝廷还在港口附近设置了供外国人居住的"蕃坊"。

宋朝皇帝不仅欢迎外商来宋，更愿意将中国特产卖到国外去。因此，宋朝政府鼓励商人们前往海外经商，商人们看到丰厚的利润便纷纷加入远洋贸易的行列中。他们驾驶着海船，带着中国的特产驶向大洋，将瓷器、茶叶、丝绸销往东南亚、印度、斯里兰卡及阿拉伯地区，为宋朝带来了巨大的收益。由此可以看出，在很久以前，我们就与世界紧紧地联系在一起了。

"南海一号"沉船
上发现的黄金制品

"南海一号"沉船上
发现的瓷器

"南海一号"沉船
上发现的玉质佛像

"南海一号"沉船
上发现的铁锅

Day2 走向世界的路

当一个国家发展到一定阶段，便会不自觉地开启向外探索的路。走向世界的路途或许艰辛，但文明碰撞后的火花却在昭示着这份艰辛的值得，国家间的连接让商品与文明都流动起来。

丝绸之路

汉武帝时期，张骞两次出使西域，与西域各部族建立了联系，同时也开通了中国历史上一条重要的商路——丝绸之路。丝绸之路开通以后，汉朝与西域各部族交往频繁，经常互派使团，相互赠送礼物。来往的使团中有不少西域的商人，而吸引他们来到汉朝的正是中原的特产——丝绸。

西汉时期，丝织业发达，织造丝绸的技术和工艺高超，织出来的丝绸精美绝伦。丝绸的吸引力超过了以往的任何商品，西域各部族的商人纷至沓来，采购光滑绚丽的丝绸。

玉门关

烽燧

走向中原

运往西域

张骞

长安

采购丝绸

丝绸就这样从长安出发，沿着丝绸之路，经过西域商人之手，被转卖到了沿途各部族，最远竟然被卖到了古罗马。这种光滑、精美的衣料受到了西域贵族和古罗马贵族疯狂追捧，其价格也一路上涨，成为极其珍贵的商品。

相传，罗马皇帝恺撒穿着丝绸做成的袍子到剧院看戏，贵族们羡慕不已。他们争相购买丝绸，丝绸的价格一度超过了黄金。后来罗马人把生产丝绸的中国称为丝来的地方——"丝国"。

古罗马

丝绸成为抢手商品

西域部族

海运丝绸

转运丝绸

来自西域的宝贝

丝绸之路极大地促进了中外的商贸往来、文明交流，丝绸等中国特产向西方传播的同时，西方的特产和商品也来到中国。汉朝时，从西域来到中原的"宝贝"不计其数，如汗血宝马、玻璃器、金银器、皮毛等，而来自西域的食物更是成为中原人餐桌上备受追捧的美食。

西汉时，来自西域的良种马倍受汉武帝的喜欢，并被大量引进中原。良种马不仅改良了中原原来的马种，还大大提升了骑兵的战斗力。从汉朝开始，西域的马匹成为丝绸之路上的重要"商品"。

张骞第二次出使西域时，曾带回十匹乌孙马，汉武帝一开始把这种乌孙马称为"天马"。

今天再普通不过的玻璃在汉朝是贵族们喜爱的奢侈品。中国很早就有玻璃，但多是不透明的铅钡玻璃。丝绸之路开通后，含钙钠的透明玻璃传入中国，成为昂贵的商品，常常被视为宝物。

另外，来自西域的使者和商人还把造型独特的金银器带到中原。在后来的几百年里，来自西域的金银器越来越丰富，具有异域风格的金银制品也受到贵族们的喜爱。

汉武帝听说大宛盛产汗血宝马，就让使者带上用黄金制作的金马前去换取汗血宝马。不料，大宛首领不仅不同意交换，还杀掉了使者，抢走了金马和财物。汉武帝知道后，非常愤怒，便派李广利两次出兵大宛。太初年间，李广利率领大军围攻大宛，大宛的贵族被吓破了胆，便杀掉了首领，投降汉朝，献出三千多匹宝马。

西域美食

丝绸之路开通后，人们在西域尝到了很多中原没有的美味，就将它们引进到中原。两汉时期引进到中原的食物有胡饼、葡萄、安石榴、核桃、黄瓜等。

东汉铜奔马

东汉铜奔马出土于甘肃省武威市雷台汉墓，高34.5厘米，长45厘米，这匹铜马造型矫健，呈昂首嘶鸣、疾足奔驰状。作者抓取奔马奔驰的瞬间，三足腾空，一足踏飞鸟。铜奔马出土后，被确定为中国旅游标志。

"暴利长"献汗血宝马

公元前113年，有个名叫"暴利长"的因犯罪被发配到敦煌的小官，捕获了一匹汗血宝马，献给汉武帝。汉武帝收到汗血宝马后十分高兴，便称这种马为"天马"，将乌孙马改称"西极马"。

汗血宝马

汗血宝马又叫阿哈尔捷金马，在古代被称为"天马"。汗血宝马的耐力和速度都十分惊人，适合长途跋涉，远途行军。相传其身上会流出血一样的汗水，因此被称为"汗血宝马"。

海船

Day3 海上的交流

　　文明的沟通并不仅局限于陆地，海洋也是文明交往的舞台。在古代，除了张骞开通的丝绸之路外，还有另一条重要的贸易通道——海上丝绸之路。唐朝后期，西域经常发生战乱，陆上丝绸之路时通时断，再加上海运远比陆运成本低，于是越来越多的商人选择了海上丝绸之路。

　　繁荣的海上丝绸之路为宋朝带来了香料、药材、象牙等舶来品，也将大宋的瓷器、丝绸、茶叶等商品带到世界各地。在出口商品中，瓷器成为畅销品，价格一度超过黄金。因此，海上丝绸之路又叫"海上陶瓷之路"。

▶延伸知识

水密舱

水密舱是用隔舱板把船舱分成多个密封的舱区，舱与舱互不相通，即使有某个舱区破损，水也不会流到其他舱区，从而减小沉船的可能性。水密舱最早出现在唐朝，是一项了不起的发明。

　　发达的海运离不开船舶，宋朝的海船延续了唐朝的水密舱技术，再加上指南针的运用，使航海更加安全。

▶指南针技术

指南鱼

指南鱼是北宋《武经总要》中记载的一种利用人工磁化的方法指示方向的工具，使用时，把磁化的鱼形铁片放在水里，就能指示南北。

水浮法

将磁化的铁针穿过灯芯草，使其浮在水面，磁针就可以在水面上转动并指示方向。

缕悬法

以细丝做悬线，用蜡将线粘在磁针的中部，悬挂在木架上。当磁针静止后，两端就会指向南北。

郑和下西洋

明朝时，中国在海上的运输能力达到了顶峰，不论是造船还是航运能力，都是世界第一，但是对外贸易却不如以前。

明初时，海外贸易由官府垄断。明成祖朱棣命郑和组建一支规模庞大的舰队，向世界展示明朝的国力。为此，朝廷大建海船，其中就包括一种巨大的"宝船"。

永乐三年（公元1405年）六月，郑和率领船队开始了第一次远航，此后他又进行了6次远航。郑和7次下西洋，到过30多个国家和地区，最远到达东非和红海。

郑和下西洋不但把中国的丝绸、瓷器、茶叶等特产带到了海外，还把中国的医学、农业、造船等先进技术带到了沿途各国。郑和的船队是一支和平友好的船队，每到一个国家，都不会占领一寸土地，抢夺一件东西，而是馈赠礼物，结交朋友。郑和下西洋为明朝带来声望，一些国家开始派使臣出使明朝，和明帝国建立了邦交。

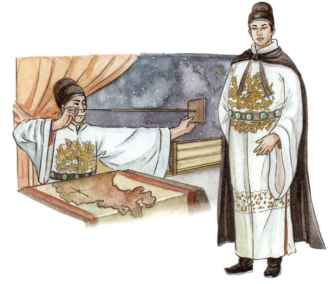

郑和是明朝杰出的航海家、外交家。他原本不姓郑，而是姓马，小名三宝，后因作战有功，被赐姓郑。他 13 岁入宫，成为一名小太监，因此又叫三宝太监，而郑和下西洋也被称为"三宝太监下西洋"。

相传，这种宝船长约 150 米、宽约 60 米，能载一千多人，是当时世界上最大的木质帆船。宝船上的锚、舵、风帆重量都在千斤以上，两三百人才能抬得动。宝船上还配有罗盘、牵星板等导航设备，因此不用担心迷失方向。每艘宝船上还配有医生、厨师来保障船员的生活。除了巨大的宝船，郑和的舰队中还有马船、粮船以及战船。

牵星板

牵星板是测量星体距水平线高度的仪器。古人通过牵星板测量星体高度，就能进一步计算出船舶在海上的位置了。

水罗盘

水罗盘是明朝航海使用的指向工具，盘面周围刻有方位，中心盛水，将磁针放在水面来指示方向。

天气：多云
主笔动物：长颈鹿

我第一次被发现的时候，被当作了传说中的麒麟……

秘密日记

漂洋过海的食物

中华文明的博大、物产的富饶让海外各国充满向往，

中华文明在展示自己的同时，也促进了中外饮食的交流。

比如在明朝，永乐皇帝朱棣为了向世界展示中国的富强，

下令组建了当时世界上最庞大的船队。

永乐三年（公元 1405 年），郑和率领这支庞大的船队出使西洋。

郑和 7 次下西洋开通了多条海上航线，

与很多国家建立了良好关系，

还将中国的茶叶、瓷器、丝绸、白糖、柑橘、樱桃等特产带到了海外。

这一时期，也有很多原产海外的食物漂洋过海来到中国。

辣椒

辣椒最早叫番椒，原产于美洲，明朝中期传入中国。到了今天，辣椒已经成为重要的蔬菜和调味料，辣椒做成的食物也非常多，在川菜、湘菜中都可以看到辣椒的影子。

花生

花生原产于美洲，明朝时传入中国。花生富含油脂，是榨油的原料之一。花生炒熟后是人们喜欢的零食和家常小菜。

土豆丝

马铃薯

马铃薯又叫洋芋、土豆，原产于美洲，明朝万历年间传入中国。马铃薯含有大量淀粉，是我国重要的粮食作物。马铃薯做成的土豆丝是我们最常吃的家常菜之一。

玉米

玉米也就是棒子、苞谷、苞米，曾经叫作玉蜀黍。它原产于美洲，明朝时传入中国，是我们今天最常吃到的食物之一，玉米面窝头、玉米粥就是由它做成的食物。

玉米面窝头　　　玉米粥

番茄炒蛋

番茄

番茄又叫西红柿，原产于南美洲，明末传入中国。番茄最初来到中国是被当作花卉观赏的，而不是作为蔬菜食用。后来人们发现了番茄的美味，番茄炒蛋、糖拌西红柿成为家常菜。

Day4 文化的交融

佛教的传入

当今世界三大宗教是佛教、基督教和伊斯兰教，它们都有自己的发源地，从发源地逐渐传播开来，如今信徒遍布全球。佛教诞生的时间最早，发源于印度，是三大宗教中发源地离中国最近的，也是最早传入中国的。

与其说是传入，不如说是引进。佛教可以说是中国人主动引进的。传说东汉的皇帝做了一个梦，认为这个梦与西方的佛有关，便派人去西域拜求佛法。使者没有到印度，但遇到了印度高僧，就邀请他们到洛阳传播佛法。皇帝特别高兴，还专门在洛阳修建了一座寺庙，因为当时高僧们是用白马驮着佛经和佛像来的，所以把寺庙取名为"白马寺"。

来自日本的使者

唐朝是中国古代综合实力非常强大的时期，所以很多周边国家派使者前来交流和学习，日本就是其一。其中一位非常著名的日本留学生叫阿倍仲麻吕，就是这个时期来到大唐的。现在，中国和日本都建有阿倍仲麻吕纪念碑。

阿倍仲麻吕来到中国后就再也没有回到日本，与当时的很多大诗人都是好朋友，比如我们熟悉的李白、王维。虽然阿倍仲麻吕没能把中国文化带回日本，但他确实促进了中国和日本两国之间的往来，鉴真东渡就曾经得到他的帮助。

阿倍仲麻吕纪念碑

玄奘西行

文明史上总不乏不远万里求访异域文明的学者，比如唐朝僧人玄奘。

唐朝时，佛教日益兴盛，有些僧人甚至远赴天竺求取佛经，历史上最为我们熟知的取经人应属唐朝的玄奘。玄奘是个聪慧的僧人，20多岁就已精通各派佛学。后来玄奘发现中国的佛经并不全面，而且翻译也不统一，便有了远赴印度求取真经的想法。但当时唐朝建国不久，河西走廊被突厥人控制，而朝廷又严禁出国旅行，因此到达遥远的印度并不是一件容易的事。

《大唐西域记》

回到长安后，玄奘口述游学经历，编著了《大唐西域记》一书。书中详细记录了西域各部族的气候、经济、文化、风土人情等内容，是了解唐朝时期西域各部族的重要著作。

公元 629 年，28 岁的玄奘从长安出发，开始了西行取经的艰辛旅程。他沿着丝绸之路向西行进，穿过沙漠，翻越雪山，终于到达印度，在那烂陀寺学习了 5 年后，又在印度四处游学，拜访名师。学业有成的玄奘带着大量佛经、佛像以及珍贵的作物回到了长安，前后历时 17 年，行程达 5 万里。

玄奘

玄奘俗姓陈，名袆（yī），出生于河南洛阳缑（gōu）氏，十多岁时出家，法名玄奘。唐贞观年间，玄奘西行取经，前后历经 17 年。回国后，玄奘夜以继日地翻译佛经，共翻译 1 300 多卷。公元 664 年，玄奘去世。中国家喻户晓的《西游记》就是以玄奘取经的故事为原型创作的文学名著。

风滚草

《马可·波罗游记》是马可·波罗在中国的旅游纪实，记述了他在中国各地的见闻，尤其详细记述了元大都的经济、文化、民情、风俗。它第一次较全面地向欧洲人介绍了发达的中国物质文明和精神文明，将地大物博、文教昌明的中国形象展示在世人面前。

马可·波罗东游记

马可·波罗是我们都听说过的一位著名的旅行家，据说他出生在威尼斯一个商人家庭。相传，他17岁那年便跟随父亲和叔叔前往中国，历时约4年，

《马可·波罗游记》

把中国描述成遍地黄金的神奇国度，让读者看得心潮澎湃、无比向往。随着这本书流传得越来越广，读过的人越来越多，欧洲人想去东方一探究竟的愿望就越来越强烈，直到真正登船，扬起了去往东方的风帆……

终于到达了元朝的首都，并与元世祖忽必烈建立了深厚的友谊。他在中国游历了17年，曾访问当时中国的许多古城，到过西南部的云南和东南地区。回到威尼斯之后，马可·波罗在一次威尼斯和热那亚之间的海战中被俘，进了监狱。这位旅行家在监狱也没有虚度光阴，而是给狱友分享自己的游历故事，对方根据其口述，写出了《马可·波罗游记》一书。

Day5
交流中的
生活转变

随着科技的进步和航海技术的成熟，中国与世界各地的交流越来越多，许许多多的新事物，在交流的过程中得以传入中国，进而改变了人们的生活。

西学东渐时期，一些外国人来到中国传教，他们不仅带来了宗教，还带来了很多先进的西方科技和文化。

此外，西方的一些书籍也传了进来。明朝的官员徐光启翻译了西方的几何著作《几何原本》，这是中国第一部西方数学译著。顺便说一下，这本书的原作者是西方的大数学家欧几里得。

以前的汉语中是没有拉丁字母的，你熟悉的汉语拼音字母，就源于拉丁字母。在拉丁文传入之前，汉字标音使用的是"反切法"，这个方法有点难，你可以长大以后再学习。拼音就是利玛窦在学习中文的时候为了标音而发明的，具体方法你可以看看左侧这张图，当然了，那时候的拼音和现在不完全一样，我们现在学习的拼音是多次改良之后的。

西餐的到来

　　民国时期，越来越多的西方人来到中国，一些西方人在中国的城市开起了西餐厅。西式餐馆让中国人觉得很新奇，因为当时大部分人并没有见识过西方的面包、牛排。随着西餐一起来到中国的还有西式糖果、糕点、冰激凌、咖啡等，这些食物也很受人们的欢迎。一时间，上西餐厅品尝西餐成为一种时尚。

棒棒糖　面包　奶油浓汤　鹅肝酱　冰激凌　甜甜圈　牛排意面　巧克力　小蛋糕　咖啡　牛角面包

▶吃西餐的讲究

西餐是指西方人的餐食，西方人一般以刀、叉、勺为餐具，面包做主食。西餐上菜讲究一定的顺序，一般先上头盘，之后是汤、沙拉、主菜，最后上甜品和咖啡。

莫尔斯人工电报机

電報沪局牌匾

电报与电话

人类文明史证明，科学技术是推动文明进步的重要力量，通信也不例外。文明步入电气时代后，通信水平得到了前所未有的提升。

1837 年，塞缪尔·莫尔斯制造出世界上第一台电报机，这是第一个用电来传递信息的设备。电报机的出现使远距离瞬间传递信息成为现实，人们再也不用通过各种交通工具来送信，只要发一份电报，顷刻间对方就能收到信息。

后来电报机在清朝晚期时传入中国，列强要求在中国架设电报线路，但清政府中的顽固派对新生事物持反对态度。

塞缪尔·莫尔斯

请发一份电报。
稍等。

接线员

1868 年，上海租界的外国公司擅自架设电报线路，电报机通信技术传入中国。与此同时，洋务派也认识到电报通信的便捷，向朝廷申请自办电报。1877 年，福建巡抚丁日昌在台湾架设了中国第一条电报线路。此后，李鸿章又在上海和天津设立电报局，还将电报应用到了军事通信中。

渐渐地，电报开始在中国遍地开花，人们只要将信的内容交到电报局，电报员嘀嘀嗒嗒地操作一通，信息就会传到远方。辛亥革命前夕，中国各种电报局已达 394 处，电报线路总长超过 9 万里。

电报传入中国不久，有线电话也传入中国，有线电话更为便捷，只要接通对方线路，不论多远双方都能进行通话。

1877 年，中国第一部电话出现在上海，后来，越来越多的人开始使用电话，就连慈禧太后也开通了电话专线。住在颐和园的慈禧太后在外务部与颐和园之间修了一条皇家专线，以便于联系外务部，还设立了连接颐和园与中南海的光绪皇帝专线，以方便"指挥"光绪皇帝。

剪辫子 穿新衣

　　1911年，辛亥革命爆发，推翻了中国最后一个封建王朝。中华民国建立后，首先要破除清朝留下来的旧制度。政府要求男子剪去辫子，于是学生和年轻人开始主动剪辫子，迎接新的社会。

　　民国时，除了剪辫子，人们的服饰也发生了翻天覆地的改变。如果你来到民国时的北平，会发现人们的衣服样式非常丰富。热闹的大街上，行人穿着各式各样的衣服，有穿旗袍的女士、穿长袍马褂的教授、穿中山装的公务员、穿西装的年轻人、穿短衣黑裙的女学生，以及穿坎肩和长裤的人力车夫。

旗袍

旗袍原是满族妇女的袍子。在民国时，旗袍的款式多了起来，女性开始穿漂亮的旗袍。1929年，民国政府还将旗袍定为国家礼服之一。

开始穿西装

西装又叫西服，大约在19世纪40年代传到了中国。在民国时，西装开始流行。另外，礼帽、皮鞋、手杖、眼镜是西装的好搭档。

中山装的来历

中山装是辛亥革命后流行的服装，相传是孙中山先生亲自设计的。由于孙中山的声望很高，这种新款的衣服迅速流行起来，后来还被民国政府定为文官的指定服装。

剪辫子

但当时仍有一些人不肯剪辫子，比如清朝的遗老遗少，他们期盼着清政府能起死回生；还有一些人，害怕清政府死灰复燃，自己剪掉辫子会被治罪。过了很久，政府看到这些人不肯剪掉辫子，只能命军警强制剪掉他们的辫子。

流行的长袍

长袍又叫长衫，清朝时期就有。民国时，长袍和马褂被定为日常的礼服。我们翻阅老照片就会发现，民国的文人大多穿着长衫。

袄和裙

民国的女子除了穿旗袍外，还穿袄和裙。袄是上衣，通常是高领，有宽袖也有窄袖，有长袖也有短袖。裙就是裙子，有蓝色的和黑色的。民国时的女学生多穿这种风格的衣服，还为这种风格的服装起了个好听的名字，叫"文明新装"。

章节小练

如何理解"与世界相交，与时代相通"？

地球村是对地球的一种比喻说法。现代科技的发展，缩短了地球上的时空距离，国际间的交往日益便利，因而整个地球就如同是茫茫宇宙中的一个村落。身处信息时代的每个人，都深深感受着"与世界相交，与时代相通"的意义，编委会这次化身成记者，采访了两位小朋友，看看他们是如何理解的吧！

同学俊仔
"与世界相交"啊，嗯……我每周五会去上英国外教老师的课，我们一起聊天，来提高口语，这算不算？

编委会记者
嗯嗯（点头），算的！学习不同的语言也是与世界连接的一种方式。

同学苗苗
我知道，我家的车是德国产的，但有的零件也来自其他国家，我们与世界是相连的。

编委会记者
对哦，世界上的商品是流动的，也就是我们所说的出口和进口，当然在国外也可以买到许多我国生产的东西。

01 张骞出使西域是在哪位皇帝在政期间？（　）

A. 汉武帝

B. 唐玄宗

C. 汉文帝

02 以下人物中谁属于洋务派？（可多选）（　）

A. 曾国藩

B. 李鸿章

C. 左宗棠

03 马可·波罗到访中国时，正处于哪个朝代？（　）

A. 唐朝

B. 元朝

C. 汉朝

第五章 多彩世界 ——开启环球之旅

　　"世界这么大，我想去看看。"几年前一位教师的辞职信如此写道，后来这句话引发了很多的关注，火遍全网。网友们赞叹的是这位老师的勇气，此外，引起深深共鸣的应该还有看世界的想法吧！"环游世界"的梦想谁不曾有过呢？如果给你一次机会，不考虑时间、金钱这些外部因素，可以去你心底最向往的一个地方，你会立刻飞往世界的哪个角落？

　　这一章依次介绍了世界七大洲、代表性国家、美丽风景、丰饶资源以及有"世界之最"称号的景点，它们有着不同的经度和纬度，有着不同的语言和文字，却共同展示着世界的多元与美好。我们总是在说文化自信，文化自信是一个国家、

一个民族发展中更基本、更深沉、更持久的力量，我们要在发自内心地欣赏和传承优秀传统文化的基础上，将目光望向广阔的世界，去尝试了解其他地方的人民是如何生活的，接触其他国家的人文理念。在广袤的世界之林中，还有很多民族和我们一样屹立其中，共同建设着我们的世界。有点可惜的是，由于篇幅的缘故，有许多可爱的地方没被收录进来，那就期待着你真正去那里实地观光吧！

各位小旅客，我们这趟环游世界的航班即将启程，好好享受这场云旅游吧，祝你旅途愉快！

Day1 揭秘：
板块是怎么形成的

　　一颗小小的番薯，从遥远的美洲被带回欧洲，再经过多日的漂泊来到亚洲，如今已成为很多个国家餐桌上的美味。读完番薯历险的故事，你会不会好奇：世界上不同的大洲都是怎样形成的？我们的邻居为什么是欧洲？地球村长马上告诉你答案！

亚欧板块是六大板块里的老大哥，但它总是仗着自己个头大，欺负弟弟妹妹们。

有一天，四妹太平洋板块正在海里悠闲地游泳，忽然亚欧板块撞了过来。

哇啊！

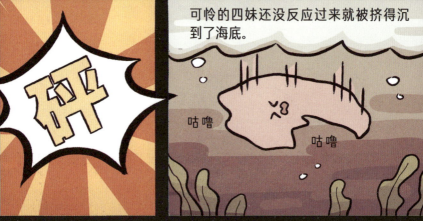

可怜的四妹还没反应过来就被挤得沉到了海底。

被压下去的太平洋板块将亚欧板块在海面以下的部分抬升，形成很多岛屿。

其中最有名的就属东亚的群岛了，那里多火山、地震。

而太平洋板块俯冲的这一边却形成了很多的海沟。这里有著名的马里亚纳海沟。

可怜的四妹就这样成全了大哥，"牺牲"了自己。

还有一次，淘气的五弟印度洋板块想要跟大哥玩摔跤。

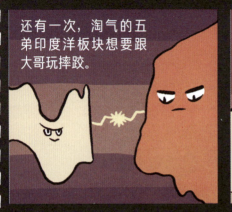

两大板块刚一相撞，体格明显占优势的亚欧板块就把五弟压在身下。

可怜的印度洋板块只能用瘦小的身躯将亚欧板块抬升。

这就是世界最高山脉喜马拉雅山脉和青藏高原形成的始末。

Day2 七大洲之旅 1

超级亚洲

我们首先来到的就是世界上最大的大洲——亚洲。它到底有多大？亚洲总面积超过 4 400 万平方千米，地形复杂多样。同时，亚洲也是全世界人口最多的一个洲。亚洲这么辽阔，为了便于认识，人们就按照地理方位把亚洲分为东亚、东南亚、南亚、西亚、中亚和北亚 6 个地区，每一个地区都有着自己的特色。

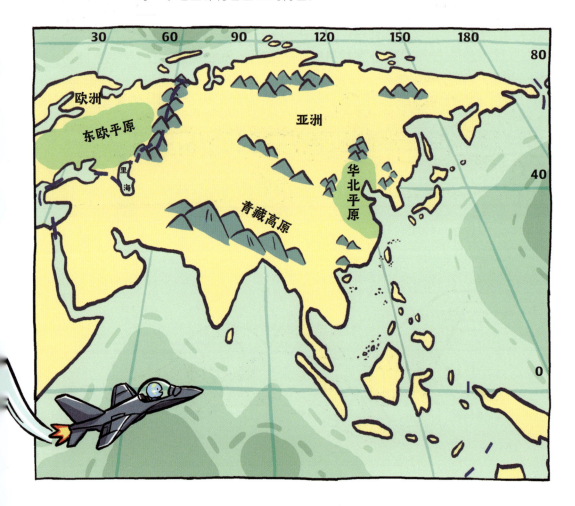

亚洲与欧洲陆地相连，以乌拉尔山、乌拉尔河以及里海、大高加索山脉、黑海、土耳其海峡为界。我们沿着这条线路，来领略一下属于亚洲的神奇之美吧。

你是不是觉得里海是一个海？哈哈，其实它是一个湖，严格来讲，在地理学属性上里海是"海迹湖"。而且，里海还是世界上第一大咸水湖。

美丽的欧洲

穿过乌拉尔山脉，我们便来到了美丽的欧洲。

在这片开阔的土地上，有许多个国家，以浪漫著称的法国、世界公园瑞士、艺术之国意大利、郁金香飘香的荷兰……都集结在这里。

此外，还有无数的田园、河流、湖泊以及宫殿、教堂、商店和公园，

千千万万的艺术与时装……

与地大物博的亚洲相比，欧洲则精致许多。

欧洲地形很有趣，南北部为山地，中间大部分地区为平原。远看是不是很像一个"大口袋"？

寒带气候
冰岛

温带大陆性气候
波兰

高原山地气候

温带海洋性气候
英国

复杂多样的气候，造就了独特的欧洲景观。

地中海气候
希腊

多彩的非洲

快看，长颈鹿！还有大象！

我们来到了非洲大草原，南北部大片草原连成一片，是非洲最具特色的景观。

这里野生动物数量和种类居世界之首。一年分干湿两季，因此每年这里都会上演动物大迁徙。

Welcome to Africa

非洲大草原成为非洲最独特的"名片"。

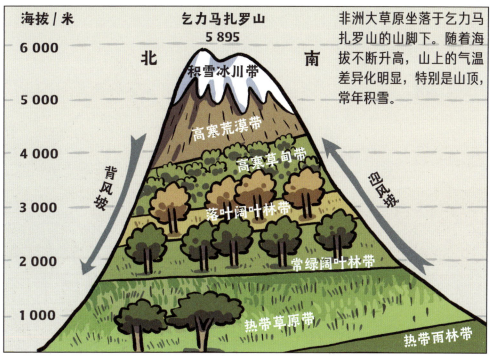

非洲大草原坐落于乞力马扎罗山的山脚下。随着海拔不断升高，山上的气温差异化明显，特别是山顶，常年积雪。

在非洲东北部还有一条举世闻名的河流，它就是尼罗河。尼罗河又被称为非洲的母亲河，它孕育出古埃及五千年的历史文明。

非洲的矿产资源储量很大，特别是金刚石和黄金。你可能会疑惑，非洲明明拥有如此丰富的资源，为什么依然没有摆脱贫困的面貌？一大原因是非洲没有独立开采国内矿产资源的能力，一些技术还要依赖欧美国家。所以，非洲国家虽然有丰富的自然资源，却只能得到少量的分红，难以享受矿产资源带来的经济效益。

长期以来，我们国家与非洲各国保持着友好的关系，彼此相互扶持，经济协作一步步加强，共同迈向更广阔的未来。

Day3 七大洲之旅 2

热情洋溢的南美洲

南美洲是陆地面积第四大的大洲，它一共包括 12 个国家，巴西是其中面积最大也是实力最强的国家。

南美洲有许多资源丰富的国家。北部的委内瑞拉有大量的石油资源。

南部的阿根廷畜牧业在世界上举足轻重。

目前南美洲各国属于发展中国家，相信通过人们的不断努力奋斗，热情的南美人民未来生活会无限美好！

　　南美洲大部分地区位于热带，因此那里无论是气候还是人民都热情奔放，最有激情的国家当然是南美洲的桑巴王国——巴西。

　　桑巴舞被称为巴西的"国舞"，现已被公认为是巴西狂欢节的象征，是最大众化的巴西文化表达形式之一。其中，巴伊亚的圆圈桑巴舞在 2005 年被联合国教科文组织列入人类非物质文化遗产代表作名录。

南美洲

哟吼，村长！快来感受下我们热烈的南美风情吧！

哇！好热闹！

缤纷的北美洲

一转眼三个大洲都被我们走完了，不如我们翻越到地球的另一面，了解下西半球的世界。西半球主要分布着两大洲——北美洲和南美洲，西部的科迪勒拉山系将它们紧密联系在一起。

北美洲是世界经济第二发达的大洲，目前有23个独立的国家，主要国家有美国、加拿大和墨西哥等。位于北美洲中北部的美国，是世界上最为发达的国家，在全球有着重要的影响力。领土面积位居世界第二的加拿大，是北美洲面积最大的国家，它在北美洲的最北端，有着"枫叶之国"的美称。而墨西哥也有一个类似的称号，名叫"仙人掌王国"，因为那里盛产仙人掌，当地人民以仙人掌为水果，同时它也是酿酒、制糖、做冰激凌的好原料。

北美洲地跨热带、温带和寒带，复杂多样的气候使其拥有了丰富的自然资源。它有着大量的矿产资源，还有着广阔的草原面积和可观的水利资源。曾有"世界四大渔场之一"盛名的纽芬兰渔场，也位于北美洲，但由于人们的贪婪，它在20世纪中后期逐渐衰落。这也给了我们深刻警醒：守护好生态资源，建设好生态文明，才能共享可持续未来。

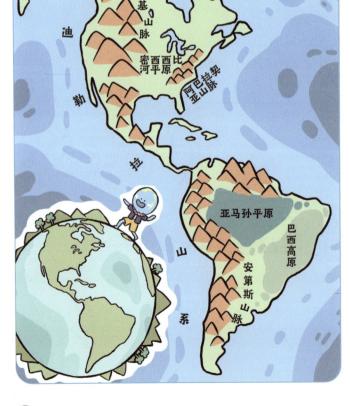

▶延伸知识

北美洲是世界第三大洲，仅次于亚洲和非洲。那里名山遍布，西部是著名的落基山脉，东部是古老的阿巴拉契亚山脉，中部的密西西比河平原是由世界第四大河流密西西比河冲积而成。

被大洋包围的大洋洲

从南美洲西海岸出发，乘船向西渡过太平洋，你就可以到达大洋洲。

大洋洲四面环海，由澳大利亚大陆和周围的岛屿组成，陆地面积仅有 897 万平方千米，是七大洲里最小的大洲。要知道，我们中国领土的陆地面积就有 960 万平方千米。虽然大洋洲的面积不大，但是这里的资源却十分丰富，不仅有独特的动植物资源，还有发达的采矿业。此外，大洋洲的国家也很重视旅游业的发展，特殊的地理位置与气候条件吸引着无数游客前来观光。

大洋洲

澳大利亚

冰天雪地的南极洲

顺时针或者逆时针拨转地球仪，我们可以清晰地看到六个大洲，还有一个大洲在哪里呢？

它就藏在地球仪的最底端！它是地球的最南端，也是世界上平均海拔最高的大洲——南极洲。

南极洲可以称得上是世界上最寒冷的
地方，这里大部分的陆地都被冰川覆盖，厚厚的冰川就像
一面大镜子，几乎将阳光全部反射，使得这里的气温更低
了。此外，南极洲的海拔也很高，
空气稀薄，难以留住太阳的余热。因此，南极洲又被称作
"冰原大陆"。

即使是在 12 月到来年 2 月的暖季，南极洲的气温
也在零摄氏度以下，最冷可达到零下 80 多摄氏度。
在如此恶劣的自然条件下，企鹅成为这里
为数不多的常住民。它们的羽毛密集而匀称地
覆盖在身体上，有着极强的保暖作用，可以
很好地抵御寒冷。

南极洲最被全世界所珍视的，还是其重要的科考价值。对于环境科学家来说，南极洲是监测污染物在全球大气中蔓延程度的理想场所；对于动物学家来说，南极洲是研究生物对极端环境条件适应性的最好场所；对于气候学家来说，研究它的冰层特征可以推断出气候几万年来的变化。总之，南极洲可提供的研究价值，几乎涉及了每一个科学领域，这里蕴藏着无数宝贵的科研材料。

作为地球上的最后一片净土，人们想尽一切办法，保护南极的生态环境，制定了《南极条约》等国际公约，同时也向前往南极的科研人员提出了严格的要求，我们一起来了解下吧。

登陆前需对衣物进行"搜身"，防止无意中将隐藏物品带进南极。

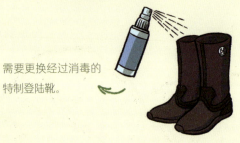

需要更换经过消毒的特制登陆靴。

不可随意弃置垃圾。

不可带走南极任何生物。

不可因接近、摄影，而改变动物的生态行为。

不可喂食、触摸鸟类和海豹。

别看南极寒冷，其实在 2 000 米厚的冰盖层下，蕴含着丰富的资源，像铜矿、石油、煤炭、铁矿、天然气等。

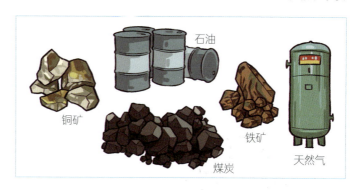

南极的另一个特色就是拥有可爱的企鹅，每年 4 月份，南极的天气开始变冷，海面会迅速冻结，大部分动物都会向北逃到相对温暖的海洋中，只有帝企鹅会长途跋涉到更冷的内陆去繁衍后代。不用担心企鹅们会冻着，因为每当起风时，企鹅们会自发聚拢，由外面的企鹅抵挡暴风和严寒。此时内圈的温度会高达三十多摄氏度，所以它们每隔一小会儿就换换位置，轮流取暖。

Day4 同住地球村

如果把世界比作一个大花园，那么每一个国家都是其中的一朵花，它们有着各自的绮丽和光彩，有着各自的历史与信仰。而每个国家的公民都生活在地球这个辽阔的村庄里，一起建设着我们共同的家园。

俄罗斯

俄罗斯是世界上地域最辽阔、领土面积最广的国家，同时它也很美丽，非常具有民族特色。俄罗斯的纬度高，气温偏低，东边的山地地区尤为寒冷，被称为"北半球的寒极"，所以人们主要生活在西南部。

俄罗斯的首都——莫斯科，是全国最大的城市和政治、经济、文化中心，辉煌的克里姆林宫和红场是其标志性建筑。

▶延伸知识 俄罗斯套娃

俄罗斯套娃是俄罗斯特产的木制玩具，一般由多个一样图案的空心木娃娃一个套一个组成，最多可达十多个，通常为圆柱形，底部平坦，可以直立，颜色有很多种，像红色、蓝色、绿色等。最常见的图案是一个穿着俄罗斯民族服装的姑娘，叫玛特罗什卡，所以，玛特罗什卡也是俄罗斯套娃的别称。

真的太冷了！

美利坚合众国

这样看美国的地图，是不是很像打满补丁的被子？这些不同尺寸和形状的"补丁"就是美国的各个州。在美国，叫华盛顿的城市就有 28 个，但是只有首都是以美国第一任总统乔治·华盛顿命名的。市中心矗立的是林肯纪念堂，是为了纪念为美国南北统一做出巨大贡献的林肯总统而建立的。

喷洒农药

美国农业发达，并且技术先进。大豆产量全世界领先。

收割庄稼

全自动洒水

美国东北部水资源充沛，交通便利，大城市主要聚集于此。

南部紧靠墨西哥湾，气候温暖，被称为阳光地带。

澳大利亚

澳大利亚是一个地跨多种不同气候带的国家，西部以沙漠气候为主，中部是热带草原气候，东部沿海地区气温适宜、降水丰沛。澳大利亚的主要城市，如首都堪培拉、经济中心悉尼，都集中在东部。说到澳大利亚，就不得不提到一种动物——袋鼠，袋鼠是这片土地上的国宝，它们走起路来一跳一跳的，是比较古老的哺乳动物群体。早在6 500万年前，澳大利亚就与其他大陆分离了，因此这里的物种进化都比较缓慢，而且具有独特性，比如鸭嘴兽、考拉。

但由于近几年来环境被破坏，越来越多的珍稀动物濒临灭绝，这也给人类敲响了警钟。

说到动物，那就不得不提一下澳大利亚的一个称号——"骑在羊背上的国家"。澳大利亚草原广阔、气候宜人，再加上没有天敌，这里简直就是"羊儿的天堂"。因此，这里的羊毛出口量遥遥领先于其他国家。除此之外，澳大利亚的矿产也很丰富，还被称为"坐在矿车里的国家"。

Day5 细数世界级 Top 景观

在亚洲中心的位置，有着号称最高海拔的高原——青藏高原，它是很多河流的发源地，其中就包括我们熟悉的长江和黄河。青藏高原的平均海拔在 4 000 米以上，因此又被称为"世界屋脊""第三极"。

撒哈拉沙漠是世界上最大的沙漠，它的面积甚至超过了美国本土的面积。"撒哈拉"在阿拉伯语中是"大荒漠"的意思。如此恶劣的自然条件，使它成为地球上最不适合生物生长的地方之一。但是撒哈拉沙漠靠近水源的地方，也是有居住人口的。非洲撒哈拉沙漠以南多为黑色人种，以北多为白色人种。

ℹ️ 主编有话说

撒哈拉沙漠并不是只属于一个国家，它横穿非洲大陆北部，分布在马里、阿尔及利亚、突尼斯、利比亚、埃及、苏丹等十多个国家。

世界上最大的平原是亚马孙平原，亚马孙平原拥有世界上最大的热带雨林，世界上最大的高原是巴西高原。神奇的是，这三个"世界之最"都来自巴西。

世界上最深的湖是位于俄罗斯的贝加尔湖，它是西伯利亚的重要渔场，同时影响着该地区的气候。

▶延伸知识

贝加尔湖被誉为天然渔场，那里蕴藏着丰富的生物资源，是俄罗斯的主要渔场之一。湖中有2 000多种特有的淡水湖生物。

01 猜猜它是谁，看轮廓猜名字！（　　）

A. 非洲

B. 南美洲

C. 大洋洲

二年级 科学

02 撒哈拉沙漠位于哪个洲？（　　）

A. 非洲

B. 南美洲

C. 亚洲

03 世界上最大的高原是哪个高原？（　　）

A. 青藏高原

B. 巴西高原

C. 帕米尔高原

04 被誉为"骑在羊背上的国家"的是哪个？（　　）

A. 澳大利亚

B. 加拿大

C. 美国

05 克里姆林宫是哪个国家的标志性建筑？（　　）

A. 德国

B. 俄罗斯

C. 法国

06 喜马拉雅山脉是由哪两个板块相撞而形成的？（　　）

A. 印度洋板块和太平洋板块

B. 亚欧板块和非洲板块

C. 亚欧板块和印度洋板块

07 如果有一天你去法国旅游，可能到访的景点有哪些？（多选题）（　　）

A. 阿尔卑斯山

B. 卢森堡宫

C. 布拉格广场

D. 埃菲尔铁塔

后记

恭喜你，完成了又一轮的挑战，成为了文化小当家。在这段旅途中，我们一起探索了美丽中国——我们的家园，体会了上下五千年的历史和文化，还一起看见了丰富多彩的世界。你学习了人文领域的知识，感悟了人文情怀，相信你一定了解了我们的祖国，也了解了这个广阔的世界，在未来的你的人生里，这一切都将会助力你的成长，帮你到达你想要抵达的终点！

答案

第一章 美丽中国
——我们共同的家园

选一选: 1.A 2.C 3.C

拼一拼: 1

连一连:
植物王国——云南
日光之城——拉萨
包邮地区——江浙沪
天使眼泪落人间——长白山天池

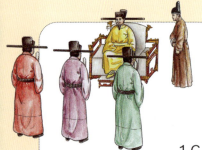

第二章 中国历史
——上下五千年

1.C   2.B   3.A

4. 参考答案: 汴京（今开封）是北宋的国都，那时不仅有夜市，还放宽了宵禁，开放了早市。三更之后喧嚣的夜市结束后不久，五更时的早市就又开张了，热闹的一天开始了。当时汴京城中有很多的早市，如皇城东边的潘楼酒楼，附近就有一处主营服饰的早市，天不亮就开市，因此早市也被称为鬼市。

第三章 中国文化
——华夏文明的底蕴

1.A

第四章 连接世界
——中国与世界的交流

1.A   2.ABC   3.B

第五章 多彩世界
——开启环球之旅

1.A	4.A	7.ABD
2.A	5.B	
3.B	6.C	

作者团队

米莱童书 | 米莱童书

米莱童书是由国内多位资深童书编辑、插画家组成的原创童书研发平台。旗下作品曾获得 2019 年度"中国好书", 2019、2020 年度"桂冠童书"等荣誉;创作内容多次入选"原动力"中国原创动漫出版扶持计划。作为中国新闻出版业科技与标准重点实验室(跨领域综合方向)授牌的中国青少年科普内容研发与推广基地,米莱童书一贯致力于对传统童书进行内容与形式的升级迭代,开发一流原创童书作品,适应当代中国家庭更高的阅读与学习需求。

策 划 人: 韩茹冰
统筹编辑: 韩茹冰
原创编辑: 王晓北　李嘉琦　陶 然　张秀婷　王 佩　孙国祎
　　　　　雷 航
装帧设计: 刘雅宁　张立佳　汪芝灵　胡梦雪　马司文